Passagens de tempo

SESC

SERVIÇO SOCIAL DO COMÉRCIO
Administração Regional no Estado de São Paulo

Presidente do Conselho Regional
Abram Szajman

Diretor Regional
Danilo Santos de Miranda

Conselho editorial
Ivan Giannini
Joel Naimayer Padula
Luiz Deoclécio Massaro Galina
Sérgio José Battistelli

Gerente Marcos Lepiscopo
Adjunto Évelim Lúcia Moraes
Coordenação Editorial Clívia Ramiro
Produção Editorial Juliana Gardim e Ana Cristina Pinho
Colaboradores desta Edição Marta Colabone e Cristianne Lameirinha

SESC
Edições SESC SP
Av. Álvaro Ramos, 991
03331-000 São Paulo SP Brasil
Tel. 55 11 2607-8000
edicoes@edicoes.sescsp.org.br
www.sescsp.org.br

Passagens de tempo

Mauro Maldonato

Capa: warrakloureiro

Foto da capa: Josef Koudelka | Latinstock/Magnum Photos

Composição: Denis Tchepelentyky

Consultoria editorial: Nurimar Falci

Tradução: Roberta Barni

Preparação: Rosane Albert

Revisão: Beatriz de Freitas Moreira, Luciana de Almeida Tavares

M244p	Maldonato, Mauro
	Passagens de tempo / Mauro Maldonato; Tradução Roberta Barni – São Paulo : Edições SESC SP, 2012. – 192 p
	ISBN 978-85-7995-033-9
	1. Filosofia. 2. Fenomenologia. 3. Tempo. I. Título
	CDD 121

Copyright © 2012 Mauro Maldonato
Copyright © 2012 Edições SESC SP
Todos os direitos reservados

Sumário

Apresentação – Danilo Santos de Miranda 9
Prefácio 13

PRELÚDIO 15
    Tramas do tempo 17
    Indecidíveis aporias 20
    Figuras do tempo 22
    O tempo que resta 24

O TEMPO DO CORPO 27
    O corpo do outro 28
    Psico(pato)logia do corpo 31
    Epistemologia do corpo 33
    O corpo doente 34
    Anatomia fenomenológica 37

ENTRE MENTE E MUNDO 41
    Da mente desencarnada à consciência desencarnada 43

    Da mente encarnada à mente estendida............................ 45
    Mente, corpo, mundo 48
    O *Self* encarnado... 50

A INVENÇÃO DO TEMPO: SIMULTANEIDADE E DURAÇÃO................ 55
    O eixo espaço-tempo e o enigma da duração....................... 60
    Uma nova aliança 62
    A arte intemporal 65
    O tempo sensível ao coração... 66
    Tempo da diferença e diferença do tempo 68

AS FORMAS DO TEMPO: CHRONOS, AIÓN, KAIROS...................... 71
    Passagem de fronteira 74
    Sobre o *Erlebnis* ou o humaníssimo sofrimento 76

UM UNIVERSO PLURAL. DA NATUREZA INVISÍVEL DA MENTE 83
    Uma verdade antimetafísica 88
    Entre a abstração lógica e o como viver 91
    Intransitáveis aporias do materialismo 94

INTUIÇÃO E REVELAÇÃO 99
    Intuição, criatividade e descoberta................................. 104
    Arquiteturas neurais da criatividade 108
    Concorrência como descoberta 110
    Perguntas legítimas e ilegítimas.................................... 111
    Thaumazein: a conversão do olhar 113

EPIFANIAS DA MEMÓRIA... 115
    A ciência da memória 118
    Lembrar e lembrar-se.. 120
    O tempo atemporal do paciente mnêmico 124

NOSTALGIA: A ESCRITA DA AUSÊNCIA 127
    A nostalgia aberta 130
    A palavra exilada... 136

A CORAGEM DE VIVER 141
    O caráter da coragem e a coragem do caráter 147
    A coragem de esperar... 150

NÃO MAIS, NÃO AINDA 157

À ESPERA DO AMANHECER. 165
    O princípio esperança 166
    Na base do farol não há luz 169
    Promessas por vir.. 171
    Fenomenopatia da esperança...................................... 175

SOBRE O AUTOR 181

BIBLIOGRAFIA.. 183

Apresentação

Enigma dos enigmas, o tempo sustenta-se como questão filosófica e científica a ser ainda explicada e compreendida. São poucas as certezas a seu respeito: a irreversibilidade de sua passagem, dia após dia; a finitude da vida traduzida no período transcorrido entre o nascimento e a morte de um ser vivo; sua natureza imprevisível, mesmo que se tenha a ilusão, quiçá o desejo, de dominá-lo. Em *Humano, demasiado humano*, Nietzsche associa o tempo à liberdade, ao dizer que "Todos os homens se dividem, em todos os tempos e também hoje, em escravos e livres; pois aquele que não tem dois terços do dia para si é escravo, não importa o que seja: estadista, comerciante, funcionário ou erudito"[1].

Se for possível duvidar dessa afirmação, devemos nos perguntar de que nos serviria tanto tempo liberto de deveres, passível de ser compartilhado com as pessoas, afastado do automatismo e da rigidez cotidianos? De que nos serviria um tempo que privilegiasse o equilíbrio entre a racionalidade e a emoção? A possibilidade de desfrute, somada a melhor capacidade de apreensão do tempo, poderia permitir ao homem traçar uma linha menos árdua rumo ao conhecimento de si – desafio atemporal da existência humana, assim como ao conhecimento do outro, pois, ainda que se trate de uma

---

1. Friedrich Nietzsche. *Humano, demasiado humano: um livro para espíritos livres*. São Paulo: Companhia das Letras, 2005, p. 176.

liberdade parcial diante de tirania do tempo cronológico, é ela quem aproxima o homem da consciência de si, aguçando-lhe a autopercepção mental, corporal e emocional.

Com o intuito de pensar o tempo, apartado da cisão entre corpo e mente e à luz da psiquiatria de orientação fenomenológico-existencialista, Mauro Maldonato interroga a natureza do tempo e o entendimento que dele se tem na contemporaneidade. Busca, com isso, uma interlocução entre o homem, a ciência, a filosofia e a literatura, deslocando-se, igualmente, em direção à nostalgia, à ausência, à memória e à esperança.

Para Maldonato, o psiquiatra é "médico da corporeidade e curador do corpo imaginário", visto que sua atenção está voltada para aquilo que nos permitimos esquecer e que, não raro, motiva sofrimentos que atravessam toda a vida.

No início do século xx, a psiquiatria, como ciência médica, restringia-se a diagnosticar doenças mentais como males do cérebro, em oposição categórica à compreensão mais profunda do sofrimento psíquico e dos distúrbios comportamentais. A psiquiatria fenomenológico-existencial, por sua vez, embora não dispense o diagnóstico, tampouco a clínica, aponta a impotência comum a ambos no tocante à complexidade da realidade existencial, sabendo-lhe marcada pela cultura e pela história. Trata-se, pois, de compreender o outro, distanciando-se de esquemas interpretativos que restrinjam a apreensão da alma humana.

Ao refletir sobre o tempo, Maldonato ressalta que o mal-estar da medicina, no que tange ao trabalho psiquiátrico, está em tratar o que não pode ser clinicamente objetivado e cuja representação no corpo dá-se por meio da observação e descrição de detalhes tidos como irrelevantes, passíveis de esquecimento, tanto pelos doentes como pelos médicos, ocultando, talvez para sempre, as angústias do homem.

Nesse sentido, deve-se ressaltar que, apesar da constante alusão à psiquiatria e ao papel do médico psiquiatra em *Passagens de tempo*, importa ao autor discutir a humanidade que dimensiona a relação médico-paciente, isto é, o quão complexas e inteiras as pessoas se colocam, em sua essência, umas diante das outras. Transportado para a sociedade, esse princípio revelaria valores associados à cultura e à história, que poderiam assegurar a particularidade de cada indivíduo, e assim maior harmonia entre as diferenças.

Entender o tempo para além de sua cronologia significa associá-lo à consciência e compreender que o pensamento racional vincula-se, de forma indissociável, às emoções. Daí o autor ressaltar "o valor do tempo na constituição da experiência individual". Segundo Maldonato, ao se referir a uma experiência, as pessoas atribuem ao tempo um valor que se traduz na forma como se estruturam a memória, a nostalgia e a própria esperança.

Enquanto a memória e a nostalgia conduzem o indivíduo ao passado, um tempo vivido que não mais nos pertence, é a capacidade de projetá-las para o futuro que nos permite viver o tempo presente. Assim, quais perspectivas enxergamos nas múltiplas esferas de nossas vidas, neste século XXI? Estaríamos mais próximos do dissenso radical ou da conquista de acordos em prol de melhores condições para todos?

Desde 2002, o SESC São Paulo tem a satisfação de partilhar com o público a sensibilidade intelectual e a visão de mundo diferenciada de Mauro Maldonato, tanto por meio de palestras e cursos, como de seu livro *Raízes errantes* (2004). Em *Passagens de tempo*, o autor questiona os conceitos de tempo em favor do humanismo, assim como a necessidade incondicional de firmarmos relações éticas conosco e com os que nos cercam. Que possamos estar sempre alertas e atentos a este desafio.

DANILO SANTOS DE MIRANDA
Diretor Regional do SESC São Paulo

Prefácio

A primeira evidência de *Passagens de tempo* é que livros devem ser eternos, como se pensa que seja o universo, em algumas cosmologias.

O universo, e essa é uma recuperação recente, pode estar submetido aos mesmos movimentos do coração: diástole e sístole/sístole e diástole, cada um abrigando uma quase infinidade de tempo. Expansão e contração/contração e expansão. A singularidade que produziu o Big Bang, a explosão primordial, não seria a única instância da criação, e sim a mais recente, o que confere eternidade ao tempo.

Apenas livros, com a imortalidade das idéias que portam, permitem explorações como a que realiza aqui Mauro Maldonato, náufrago do tempo reconhecendo a paisagem como se a observasse pela primeira vez, pleno de estranhamento.

O planeta está devassado, mapeado, dividido, vigiado por olhos eletrônicos que observam do espaço, mas a visibilidade que se tem continua na superfície das coisas.

O mundo continua misterioso como sempre, observado com o olhar do estranhamento. O que parece ser, na realidade não é. Em compensação, a essência das coisas está recoberta pela pátina do desuso.

A paixão, o encantamento, que fizeram do primeiro homem um humano, estão obliterados pela r acionalidade dura, desumana e desumanizadora. Esvaziados do lúdico e do promissor.

Incomum, e por isso mesmo bem-vindo como a chuva que remove a secura das coisas, *Passagens de tempo* traz o alento à vida em um ambiente castigado pela sumariedade e inconsistência de idéias, curtas como o cabo de uma lâmina arruinada.Ou, como elegeu Maldonato, entre as palavras do poeta e ensaísta austríaco Hugo von Hofmannsthal: "Estranhas criaturas, esses humanos, veem onde não há nada para ver / leem o que jamais foi escrito / agarram juntas confusas figuras / sabem de caminhos nas trevas eternas".

Passagens de tempo, não descuidem disso os leitores, são vários livros em um único: as partes de um todo que não se restringe à somatória delas. Quase inevitável apaixonar-se por uma para, em seguida, descobrir, fascinado, que a outra também é bela como o dia que nasce no topo das montanhas.

Quem se dá ao trabalho de, hoje, discutir, por exemplo, a natureza da coragem? O espírito liberto e libertário faz isso com a mesma necessidade que a harpia tem de voar e talvez essa seja a verdadeira razão de não se observar muitas harpias no céu.

Na escrita de Maldonato, ninguém "pode dizer ou escrever alguma coisa maior ou melhor do que efetivamente é. Essa é a coragem de ser". Quem cita Pascal sem o receio (absurdo) de ser interpretado como suspeito de certo misticismo, algo supostamente incompatível com a razão? Quem enxerga na ciência a beleza e o mistério profundo que ela abriga, livre da obrigação de se restringir aos limites de um ponto, quando pode ser um campo inteiro? Até porque, mesmo o elétron não é uma partícula pontual, algo como o sinal que se coloca no fim das frases de um pequeno ensaio. O elétron não é um ponto, mas uma nuvem difusa. Talvez uma pequena corda vibrando para existir.

Essa é a coragem de escrever.

Ulisses Capozzoli

Prelúdio

*Em ti, minh'alma, meço os tempos; quando meço
a ti, meço o tempo. Não me perturbe com a pergunta:
por quê? Não me desvie, com uma falsa pergunta, do olhar para ti.
Não cries obstáculos para ti mesma confundindo
aquilo que pode te atingir. Em ti, torno a dizer,
meço o tempo, as coisas passageiras te colocam em um "sentir-te" que permanece,
ao passo que elas se dispersam. Eu meço o "sentir-me" na existência
presente, não as coisas que passam para que ele surja. É o meu
"sentir-me" o que eu meço, repito, quando meço o tempo.*
Agostinho

*Não Tempo, não te gabarás que eu mudo!
As tuas pirâmides construídas com renovado poder
Não são, para mim, nada de novo, nada de estranho:
Somente revestimentos de espetáculos já vistos.*
William Shakespeare

*Estranhas criaturas, esses humanos, veem onde não há nada para ver,
Leem o que jamais foi escrito, agarram juntas confusas figuras,
sabem de caminhos nas trevas eternas.*
Hugo von Hofmannsthal

Assim nós vivemos, para dizer sempre adeus.
Rainer Maria Rilke

*Na outra noite eu vi a Eternidade
Como um grande anel de luz pura e infinita.
Tudo era claro e plácido;
E abaixo, o Tempo, em horas, dias, anos,
Levado pelas esferas,
Movia-se como imensa sombra, onde o mundo
E tudo o que o segue se lançava.*
Henry Vaughan

Finalmente às portas de Delfos, o grande sacerdote pediu que cada um dos Sete Sábios gravasse uma máxima no frontão da entrada do templo. Esgotado pela longa viagem pelas ruas da Hélade, Quilon de Esparta desesperava conseguir escrever algo original. Os pensamentos mais profundos, pensou, serão dos outros. Mas, quase a ponto de desistir, uma voz interior sugeriu-lhe escrever "Conhece-te a ti mesmo". Desde então, aquelas palavras escritas nos muros de Delfos não deixam de nos interrogar. Não há momento em nossa vida em que o conhecimento de nós mesmos, aquela familiar e enigmática experiência de viver que atinge nosso pensamento, deixe de estar ali a nos recordar do mistério em que estamos envolvidos. Mas que consciência poderia ser, a não ser uma consciência do tempo?

O tempo é, desde sempre, o cerne de nossas perguntas. Um mistério dentro do mistério. Pensar o tempo é expor-se à derrota de pensamentos e a palavras intratáveis. No entanto, tudo nos remete ao tempo: o ritmo dos dias e das estações, a incerteza do futuro, a impossibilidade de reviver o passado, a experiência da juventude e da velhice, o limiar que se fecha às nossas costas no fim da viagem. Não é apenas a dureza da pergunta a nos confundir: é nossa inteligência, que, apesar de conseguir intuir as tramas sutis do Universo, não consegue pensar o princípio e o fim. Em presença do tempo, nossa imaginação para, e um sutil desassossego invade nossa alma. Tudo o que até ali sustentara nossas certezas – ideias, números, palavras, até o nosso próprio Eu – vacila. Viver é expiar este paradoxo: sobreviver quando o corpo declina, enquanto tudo passa e nossa existência nos parece clara só de quando em quando. Sombras na luz e luz na sombra. Claro, uma consciência insone nos ajudaria a reconstituir, a cada vez desde o início, lembranças e esquecimentos. Dar-nos-ia a certeza do aqui e agora. Defenderia nossa identidade na transformação. Mas ainda seríamos nós? Realmente ainda seríamos nós, sem as intermitências da memória, sem os voos turbilhonantes da lembrança, sem as inversões repentinas do tempo?

Impelidos pelo silencioso escorrer do tempo, vivemos de distinções. Alguma coisa nos interessa mais que outra. Distinguimos, dividimos, separamos. Escolhemos, sempre abrindo mão de alguma coisa em lugar de outra. Essa aparente liberdade trai a indeterminação de nossos desejos, a inconstância de nossas preferências, a mutabilidade de nossas decisões. Nesse perfeito oximoro – *a liberdade de termos de escolher* – se descreve a condição do tempo. Todo instante é criação, ato inaugural do existir. Mas o instante não é *do* tempo, é *no* tempo. Aliás, o próprio instante é o tempo, o absolutamente único e imprevisível presente que ressoa com os outros instantes. Cada ato nosso de consciência está mergulhado no instante, em um agora que quebra a indiferente continuidade daquilo que é conhecido. É isso o que torna ambivalente toda nova experiência, que assim que nasce já está exposta ao declínio. Nesse enigmático transcorrer sem início, os instantes se juntam para se tornar vivos. Neste presente, o tempo se dilacera e se reata. O passado se transfigura em lembrança. Não como o fragmento de um tempo que foi, mas uma transformação no limiar da existência.

Tramas do tempo

O tempo desnuda não apenas nossa (demasiado óbvia) relação com as palavras, mas também a ilusão de as dominar. Pensar o tempo significa, inevitavelmente, violar um limite que se retrai precisamente no ponto de sua máxima aproximação. Esse dissídio entre o pensamento e o próprio limite é uma constante da viagem rumo à temporalidade, uma viagem sempre com vistas a metas não garantidas. Os caminhos do tempo exigem um trabalho paciente, que enreda e prende irremediavelmente: um entrelaçamento paradoxal entre exterior e interior que multiplica os níveis de experiência e inutiliza as figuras tradicionais do tempo: flecha, círculo e tantas outras. O tempo nunca vai de um ponto a outro. Se assim fosse, seria somente um corolário do espaço, uma sequência dos ponteiros do relógio, uma forma enrijecida da experiência.

Para além da aparente paradoxalidade de uma reflexão que se origina do ponto mais agudo das próprias contradições, neste livro – uma viagem do pensamento que é inevitavelmente pensamento da viagem – preparo-me não somente para interrogar a origem do tempo, mas para ouvir o quanto nele ficou calado e ainda impensado. Questionar o tempo significa, de fato, dispor-se no lugar e no espaço de uma resposta extrema (que não significa definitiva) à pergunta segundo a qual, a cada vez, o familiar e o estranho decidem os próprios limites e definem, juntos, também o senso de si e do outro. Eis por que, nessa aventura que se situa no difícil equilíbrio entre visões diferentes, é necessário subverter a famosa pergunta de Agostinho "o que é o tempo?" para "quem é o tempo?": gesto aparentemente destituído de consequências, mas, antes, desestabilizador e arriscado. No limiar onde *o que é* se transforma em *quem é* o tempo cronológico se esfacela em figuras alusivas, incertas, perdidas. A estabilidade que pensávamos ter ganho se reverte na ausência de qualquer estabilidade. Talvez também por isso hesitemos demoradamente em pensar o tempo.

Mas está suficientemente claro o que significa passar dos nomes, dos signos e das metáforas do tempo mítico – sempre iguais a si próprias e estranhas à experiência humana – para o *quem* do tempo? Para tentar respostas à altura das perguntas necessárias, é preciso envolver outras esferas do humano: a recordação, a espera, a esperança, a coragem, a nostalgia e mais.

Tese dessa indagação é que o tempo seja o efeito da mudança: uma mudança desestabilizadora por sua própria natureza. Não nos leva muito longe continuar a afirmar que o tempo desgasta ou envelhece. Não é o tempo que provoca destruição, mas aquele acontecer de diferenças – a mudança, justamente – que nos leva a sofrer, amar, padecer; aquela vivência que ocorre ao pensamento que não é uma ideia, mas *pathema*. Vivência da vida, porém, não vida da vivência. Eu vivo, de fato. No sentido que vivo meu viver. Mas este é apenas um momento de minha vida, não alguma coisa que antecede minha vida, da qual, ainda assim, é expressão. Essa vivência é uma vontade que recompõe os momentos descontínuos de minha consciência. Nos círculos internos de minha vida não há uma ordem que vive por si, mas apenas um movimento de *con*-córdia e *dis*-córdia aberto ao porvir. Esse tempo novo, diria Rilke, nos transforma da mesma maneira que uma casa que tenha abrigado um hóspede: não sabemos dizer quem ele seja – e talvez nunca cheguemos a saber –, mas muitos indícios dizem que o hóspede entrou em nós antes de chegar ali.

Nos caminhos do tempo os anos são promessas *por vir*. Tudo está inervado pelo porvir. O presente é um fio tênue que torna contínuo o que é descontínuo. Esse é o mistério da memória. Migra o tempo, despedindo-se do que é familiar, de tudo. Sequer a mais obstinada raiz poderia retê-lo. Sequer um frêmito de saudades. O tempo é espontaneidade, improvisação: tem apenas liames tênues com o passado. Na melhor das hipóteses, passado e porvir podem se atrair na distância arriscada e aventurosa que os divide e os une: rastros imperceptíveis, nômades, interditados. O tempo é movimento puro, que escapa sem se subtrair. Pura errância. Em seu movimento, toda migração acontece, abrindo-se para uma liberdade além da história.

Aquela mesma liberdade que os homens sempre tentam eludir, incapazes de aguentar a responsabilidade que carrega em si.

O tempo remete ao mistério e à graça, à violência e à esperança, à culpa e à coragem de um *por vir* ou, melhor dizendo, de um *ad-vento* que se torna evento imprevisível. Sem imprevisibilidade o tempo seria uma espera inerte. Minha espera, ao contrário, é uma inquietude ativa, como um rio que escorre rumo a um mar desconhecido, não uma cronologia ordenada de eventos. Claro, eu vivo *na* história, mas ela é quase sempre uma ficção ideal. Minha vida nunca é isso. A história, da qual se escreve e dizemos que existe, nunca tem a ver comigo. Não fala de mim. Aliás, minha vida é acessível somente emendada de suas formas históricas. Narrar minha vida, seja qual for seu significado, quer dizer escrever sempre outra coisa em relação ao antes, ao agora, ao depois. Tudo é mais claro quando, ao ser narrada por outros ou fixada em representações provisórias de mim mesmo (fotografias, imagens e tantas outras), descubro que a vida não me pertence mais, que não é mais a minha, que é apenas uma reconstrução de instantes diferentes entre si. História, justamente! Mas já disse que eu não sou história. Não posso ser história. Instantes, talvez. Um conjunto de instantes que me leva de volta ao problema que eu sou para mim mesmo. O tempo esclarece tudo. Eu o atravesso como se atravessa um território ambíguo, elusivo, irredutível à apreensão dos conceitos.

A liberdade humana tem como contraponto uma incerteza radical, que nenhuma matemática ou oração pode conter em algum esquema preestabelecido. A vida de um homem livre – um homem que vive no presente – é improvisação, movimento. Mesmo a despeito da pluralidade de seus atos de consciência, sua vida escorre em um processo unitário. No fundo dos gargalos, das curvas, das correntezas contrárias, há um fio que mantém ligados o antes e o depois. A improvisação torna a pôr em jogo as tramas da vida comum, tornando-se, de algum modo, o centro dela. É assim, por caminhos insólitos e indiretos, que o *estar fora* se torna uma forma do *estar dentro*. Como uma acidentada linha de fronteira, que marca seu início e seu fim em relação ao próprio aquém e além, a vida se torna a forma imprevisível do tempo.

Surpreende a todos, o tempo. Em mim, que ouço, a história de um homem se redesenha por inteiro. Em sua narração a vida torna a ser vida, a história torna a ser história. É assim que a linguagem do tempo e o tempo da linguagem se reúnem em um encontro que é um vórtice de graça, mistério, culpa, violência, poesia; um encontro que dissolve preconceitos e superstições. Em sua imprevisibilidade, o encontro é abertura do tempo, puro dispêndio para além da história. Esse por vir comum não é outro tempo ou outra história: é o questionamento de toda a totalidade, *face a face* com o outro, olhar e palavras que guardam a distância, separação que precede e ultrapassa a sociedade. Não tem sentido sequer perguntar-se qual seria esse encontro: todo encontro é o encontro, dizia Lévinas, a única aventura possível rumo ao *imprevisivelmente outro*. O outro pode dizer de si apenas fora do caminho batido (e sem saída) que o identifica com o mesmo. É ilusório, portanto, tentar dizer o puramente outro permanecendo no campo exclusivo da racionalidade: o outro pode se dar somente como *pathema*.

Indecidíveis aporias

Quando interrogamos o tempo somos chamados inelutavelmente ao confronto com o pensamento metafísico. Diferentemente do que Martin Heiddeger achava, atribuindo à metafísica uma ideia vulgar do tempo, é impossível pensar o tempo fora da metafísica. Naturalmente, este não é o lugar para colocar em evidência, mais uma vez, as aporias da reflexão tradicional sobre o tempo, mas de começar justamente de suas potencialidades inexpressas, para apreender o tempo além das categorias de superfície e profundidade, de interior e exterior e, em geral, de qualquer espacialização.

Ao viver, o Eu se decompõe em inúmeras unidades e intervalos temporais: fragmentos que se separam e se reúnem sob o patamar da consciência. Multidões de Eus se entrelaçam, uns nos outros, em um fluxo destituído de sistematicidade para chegar a uma estabilidade da consciência, e, por sua vez, da identidade. Claro, é necessário identificar-se. Mas esse é um ato de vontade que se realiza perdendo-se como unidade e reencontrando-se como decisão no presente. É essa individuação que faz aflorar partes do *Self* – fragmentos separados pela continuidade da vida – e os reúne na consciência da decisão.

Nossa consternação diante do enigma do tempo não deriva de sua impossibilidade de ser pronunciado – como no entanto pensava Santo Agostinho –, mas de sua irredutibilidade ao espaço geométrico. A insensatez de uma medida do tempo está no fato de que uma verdade do fim (explicável) pressupõe uma verdade do início (inexplicável). Nós percebemos o tempo pelo contraste e, concomitantemente, pela imperceptibilidade das passagens entre o início e o fim de um instante. Estamos acostumados a considerar óbvia a continuidade entre início e fim. Todavia, quando meditamos sobre a questão de maneira abstrata, ou então objetiva (que é a mesma coisa), essa continuidade se dissolve: nossa experiência do tempo parece assemelhar-se ao movimento caótico e descontínuo das moléculas. Não por nos faltar o sentido de uma evolução linear, mas porque cada qual percebe a seu modo o instante em que experimentamos o fim e a ressurreição do tempo.

O acontecimento temporal e espacialmente restrito (rumo ao instante e do instante) é condição essencial para conceber a mudança. Mas a mudança nunca é isolada. Se assim não fosse, estaria certo Zenon (a flecha disparada está parada porque a cada instante está em um único lugar) e seria impossível pensar a mudança. Nesse evento semântico e *pático*, irredutível a cada dimensão ideal, o início sempre é o início do fim, e o fim sempre é o fim do início.

Aristóteles afirmou que o tempo carrega em si a própria negação, a própria alteridade radical. Na verdade, toda a tradição metafísica trata a questão do tempo como trata a questão do espaço. Hegel, por exemplo, considera o espaço absoluto uma Ideia totalmente separada de si mesma: nenhuma relação, nenhuma mediação, nenhuma diferença. Que diferença poderia se dar em um espaço indiferenciado? Nenhuma. Exceto o ponto. Mas o que é um ponto: aquele espaço sem espaço que interrompe toda linha indiferenciada, aquele lugar sem lugar que nega o espaço, mas que, ao mesmo tempo, é seu ponto de partida? Ao ponto se opõe a linha (que do ponto é o prosseguimento). O ponto se afirma e se nega, se contrai e se dilata na linha do tempo. Negar o ponto, portanto, significaria, inevitavelmente, negar o espaço. Nessa ambiguidade radical, o ponto é a linha, o rastro espacial do ponto.

Essa genealogia mostra que se o espaço, para se tornar concreto, tem de manter em si suas negações, ele, contudo, necessita do tempo – embora a interrogação sobre o tempo sempre esteja atrasada, pois o tempo já está às nossas costas. O que define o tempo, então, é uma ambiguidade originária: uma possibilidade impossível, uma evidência evidente, uma ausente presença da hora. Nesse sentido, se a hora é inconcebível, se a hora é inconcebível sem o seu oposto, a temporalidade a torna possível precisamente no ponto de seu constituir-se originário. Eis aí, o tempo é o nome que damos a essa simultânea copertença.

Simultaneidade é o conceito-chave que abre e encerra a história da metafísica do tempo. A aposta no jogo de palavra, selada no radical *simul*, é muito mais que a natureza do ponto ou da hora: diz respeito à origem comum de tempo e de espaço. Mas até onde nos leva a ideia de simultaneidade? E qual é o seu lugar no mundo físico? Simultaneidade é um conceito de relação. Por exemplo, o mundo físico é *simultâneo* ao nosso porvir, um universo paralelo ao nosso. Em uma bela imagem, Bergson o comparou ao movimento do trem no trilho vizinho ao nosso, do qual entrevemos apenas as janelas *presentes*. Por outro lado, que *presença* seria se não fosse *presença diante de nós*, capacidade de exprimir intencionalmente as coisas presentes? A temporalidade é essa trama de percepções sempre implícita na consciência: aqui se origina a simultaneidade do tempo e a unicidade de seu ritmo.

Figuras do tempo

Embora tenhamos acertado as contas com a ideia da ciclicidade, a questão da irreversibilidade ainda questiona a filosofia e a ciência contemporâneas. Na realidade, nós não sabemos se o tempo seria irreversível. Podemos apenas levantar hipóteses. A vivência, ao contrário, é um fenômeno certo de nossa vida. O que introduz a ideia de irreversibilidade é essa vivência que chega à consciência. De todo modo, ainda estamos em território conceptual. A vivência a que aludimos, com efeito, é vivência da vida, não vida da vivência. Minha existência *ad-vém* e, portanto, é impensável que o por-vir venha antes daquilo que *ad-vém*. Na origem da relação entre existir e vivência há o *por-vir*, nexo estável entre o antes e o depois. Este nexo permite apreender trânsitos e sucessões (intemporais) cuja repentinidade – portanto, cuja mudança – é tão breve a ponto de ser despercebida. Essa continuidade despercebida é desde sempre utilizada nos mais diversos contextos filosóficos, estéticos, teológicos. Pensemos no instante de Bloch, que quebra a continuidade entre o antes e o depois, indicando-nos a direção do futuro. Em Bloch, como veremos adiante, todo o problema da temporalidade se conjuga no futuro: o tempo como sentido da perda deixa lugar ao tempo como promessa. Aliás, a esperança se ergue precisamente sobre o sentido da perda. Todavia, seria um grande mal-entendido se pensássemos que o tempo é causa de perda e destruição – embora toda mudança, por sua própria natureza, seja desestabilizante. O tempo é apenas um acontecer de diferenças. Na passagem de um instante ao outro – aquela impressão que deixa em nós quando as coisas já passaram –, o tempo é *arithmos*, percepção da mudança, poder desestabilizador da mudança.

À diferença das fábulas, no mundo real não percebemos a transformação, a não ser em instantes rápidos e imperceptíveis: um tempo nem objetivo, nem subjetivo, nem compreensível nem racionalizável. A pergunta que então deveríamos nos fazer é: pode ser a repentinidade nossa maneira de perceber a transformação em sua instantaneidade? Ou é precisamente a repentinidade – a imperceptível rapidez da transformação – a chave essencial do tempo? Precisamente aqui nossa subjetividade, se não estivesse praticamente reduzida à objetividade, desdobraria sua verdadeira potência.

Na realidade, o que é incompreensível é a continuidade, a estabilidade e o conjunto das estratégias intelectuais que procuram ocultar a dissolução. Continuidade e fixidez. Claro, a água escorre. Mas se é verdade que o escorrer é firme em seu escorrer, também é verdade que cada gota muda: essa transformação constitui a correnteza. O ser é esse fluxo ininterrupto. Desde o alvorecer do pensamento, no entanto, o ser foi sinônimo de imutabilidade. Segundo Aristóteles, o ser (Motor Imóvel) é a fonte de onde tudo brota e para a qual tudo tende. Seu finalismo metafísico admite um movimento de partida e de retorno rumo à plenitude da presença, na qual toda contradição é resolvida, tudo permanece idêntico diante da transformação das coisas. Por outro lado, uma mudança sempre existe em relação a alguma coisa: se por definição o ser é estável, a estabilidade é impensável sem o ser. Noutras palavras, o ser nega a instabilidade.

O que significa, então, o heideggeriano *Ser e tempo*? Se, como vimos, o tempo é mudança, então ser e tempo são inassimiláveis. O ser só poderia se aproximar do tempo se fosse uma estrutura imutável. Heidegger é posto em crise com esse problema. Precisamente por isso, entre 1919 e 1923, ele tinha tomado distância da análise husserliana. Agora, ao contrário, a estabilidade retorna ao centro de seu pensamento mediante uma operação de transcendentalização. Ou seja, ele tenta fazer conviver duas diferentes concepções do tempo: um autêntico e outro inautêntico. Isso, porém, lhe impede de ter acesso à essência da temporalidade, que transcorre sempre no passado e no futuro. O tempo heideggeriano é o presente que, com sua ambiguidade, escapa inexoravelmente toda vez que tentamos fixá-lo. Esse paradoxo já é evidente no VI parágrafo de *Ser e tempo*. Esse ser-aí da presença (em grego παρουσία) tem o significado ontológico – portanto, nem temporal, nem intemporal – daquela pura eternidade que afinal é a diferença entre o agora e o presente, que Heidegger chama de distinção entre finito e infinito.

Mesmo tendo apreendido os limites do tratamento clássico e ter compreendido a impossibilidade de sua superação, Heidegger tenta reconsiderar o tempo em termos metafísicos. Ou seja, concebe o presente como temporalidade autêntica que nos poria no caminho do ser: um "tempo originário" do qual emanaria um tempo derivado, que se parece muito com a ideia clássica de uma origem da qual derivam os efeitos. Mas não há, nem pode haver, um tempo autêntico à origem de um tempo inautêntico.

Em suas últimas reflexões, Heidegger deixa de fazer qualquer menção a estruturas ou coisas assim. Reflete, antes, sobre a identidade, a história, o ser. Tudo se dissemina numa multiplicidade de momentos, que ele tenta recompor numa grande (e tranquilizadora) narração metafísica. Parou de interrogar o tempo. A ordem do tempo, a ordem da transformação alternativa à *duração pura* e ao *tempo espacializado*, é um tempo fraco fundamentado numa estrutura frágil, uma disseminação de alteridades da consciência unidas pela simultaneidade do porvir.

O TEMPO QUE RESTA

Há um tempo não apenas filosófico, psicológico ou cosmológico: um *tempo indeciso, intempestivo, inatual*, que irrompe no presente e recompõe o que é desprovido de nexos; um tempo do evento que anuncia salvação; um tempo por vir que anuncia uma chegada (nesse sentido, messiânica e profética), mas sem redenção. A natureza desse tempo é um problema-chave para toda a nossa cultura. O que significa esse tempo esperado? Se estivéssemos certos que o amanhã viria, isto é, se víssemos o que acontecerá amanhã, então aquele amanhã seria hoje, a ponto de nos mostrar, num instante, todo o tempo: uma *distensio temporis* que concentra tudo nesse átimo presente. Mas a isso poderíamos ainda chamar de futuro? Paulo de Tarso afirma: "nossa espera é certa" ou, melhor dizendo, "nossa esperança é certa". Ele não alude ao futuro esperado, mas a alguma coisa que nos "espera". Nós estamos aqui, no entanto, a expiar a absoluta imprevisibilidade, a mais absoluta incerteza. O presente não esgota o tempo. Há um tempo que resta, um tempo do qual estamos certos (ou, do qual queremos estar certos), um tempo que esperamos, embora a esperança seja incerta. Aliás, que esperança seria se fosse absolutamente certa? Eis aqui o nosso drama: viver continuamente na tentativa de remediar essa contradição. Não é típico de nossa civilização expiar todo futuro no presente?

Há um tempo que resta – dizem Paulo e Marcos nos Evangelhos –, um tempo paradoxal no qual os homens deveriam se transformar, graças à παρουσία (a verdade aparecida), acontecida, estrangeiros a toda forma de poder mundano. Nesse tempo que resta, a παρουσία deveria permitir aos homens se manter longe de qualquer poder. Não é um tempo de paz para aquele que está em revolta contra o mundo. Esse tempo é o tempo da derrota de Deus, porque Deus vence após o tempo, quando não haverá mais tempo. Na história há a derrota de Deus. Na história – tempo que resta –, Deus não poderia vencer, porque sua potência é inexplicável, é ininteligível, inefável.

Nesse tempo incerto, imprevisível, não conseguimos mais sequer pensar a salvação. Somos até incapazes de construir a paz. Compromissos, tréguas, armistícios, esses sim! Não a paz. Para o homem não histórico não conta o quando: conta apenas o como. Ele não vive à espera de um tempo, de um momento, mas agora, em cada instante. A pergunta que todo dia se coloca é então: estou à altura de uma fé, de uma paciência, de um padecer que me torne possível viver toda a plenitude do tempo? Não se trata de uma pergunta religiosa ou que exija obediência religiosa. Qualquer que seja sua natureza, o nosso problema é viver a cada instante, não à espera mítica de um tempo futuro. Somos capazes de nos medir com essa pergunta? Para além de qualquer fé, ela questiona todos numa chave radicalmente laica. Nós vivemos no tempo, e aqui esperamos, ignorando totalmente se chegará ou não um tempo *por vir*. Esse véu sobre a consciência revela que o homem permanece no interior de uma aporia ininterrupta. No entanto, às margens desse tempo *por vir*, há uma abertura rumo ao infinito de uma alteridade sempre *por vir* e que, todavia, nunca se realiza.

Tempo é o nome do contínuo ocultamento dessa aporia irresolúvel. Mas tempo também é o nome dos limites dentro dos quais podemos pensar nossa presença. Nada mais se pensou sob o nome do tempo. Se algo – que tem relação com o tempo, mas não é o tempo – há de ser pensado, para além do ser como presença, não se pode tratar de algo que possa ser chamado tempo.

O tempo do corpo

> *É na doença que percebemos que não vivemos sós, mas acorrentados a um ser de outro reino, do qual nos separam os abismos, que não nos conhece e do qual é impossível fazermo-nos compreender: o nosso corpo.*
> MARCEL PROUST

Depois da lição fenomenológica do século xx não é fácil dizer palavras perspícuas sobre o corpo, suas ressonâncias, seu modo originário e original de testemunhar nossa presença no mundo. A experiência do corpo é constituída de uma incontrolável ulterioridade de sentido e é subjacente a ela. À época da tecnociência e da ambígua constituição histórica do corpo, muitos sinais indicam que nossa civilização está reaprendendo a sentir o corpo. O corpo não é um dos inúmeros objetos do mundo, mas alguma coisa irredutivelmente minha, uma só coisa com aquilo que eu mesmo sou. Meu corpo está impregnado de subjetividade, é corpo-sujeito, não apenas alguma coisa que possuo. Embora oscilando constantemente entre ter um corpo (a frisar o momento reflexivo) e ser um corpo (a frisar o momento pré-reflexivo e, como consciência encarnada, fonte primária de sentido), eu sou inescapavelmente o meu corpo.

A relação entre o homem e o mundo – aquele contínuo *trans-correr* diacrônico que não conhece sínteses (a não ser provisórias) – é claramente expressa pela vivência das primeiras etapas da infância. A criança não só não distingue os objetos exteriores ao corpo, mas sequer consegue abstrair-se do caráter imediato da ação. Desde o início, o corpo é o lugar do encontro com o outro e consigo mesmo. É característica do corpo ser constantemente vivido como meu. Se não reconhecesse seu radical pertencimento, nunca poderia me despedir. Não deixa de me pertencer sequer quando me é estranho, pesado, indiferente, hostil, ou quando o odeio. Precisamente isso lhe permite ser uma perene e misteriosa fonte de significado, doação de sentido, raiz que precede toda simbolização, toda conceituação. Sou Eu-corpo que realizo a existência e, com meu comportamento, constituo toda significação, toda expressão, toda relação. Na comunicação contínua de mim-corpo com o mundo, e antes que eu pense, os olhos, as mãos, os dedos, o rosto, realizam a cada instante minhas intenções.

O CORPO DO OUTRO

Sempre é o outro a me revelar meu corpo, a me acompanhar nas profundezas inexploradas da carne. A realização do desejo também é a derrota do corpo. Como mediador do encontro com o outro, ele revela a possibilidade de se retirar de mim, de se esconder, de se velar, de eludir ou ferir aquele hábito que faz com que eu o sinta idêntico, em carne e osso. Chave de certas despersonalizações é a perda do costumeiro: experienciar como se o corpo não fosse mais próprio, na própria disponibilidade, já entregue ao silêncio. Pensemos nos modos existenciais do ser arredio, da vergonha, do pudor; ou mesmo ao mal-estar da jovem anoréxica, em seu sentir-se farta de uma corporeidade que excede os limites de seu corpo.

Na superfície que o encerra e o delimita, o corpo é abertura para o exterior, mas frequentemente também é radical fechamento para o interior, limite insuperável que encerra meu Eu e me chama à mais íntima raiz de mim mesmo: do corpo-que-sou, do mim-gesto, do mim-carícia, do mim-recusa. Essa ambígua e equívoca experiência do próprio corpo é ainda mais radical se considerarmos a experiência do corpo alheio. Pensemos na ambiguidade da experiência sexual. Em nenhuma outra situação existencial, o corpo-que-sou e o corpo-que-tenho se fundem em completa unidade, mesmo quando o corpo se torna mero objeto sexual; ou quando, no encontro sem amor, o instinto sexual errante e amorfo se extingue e se transfigura no desejo de um você em carne e osso.

Na mais autêntica fenomenologia do amor, a corporeidade se torna corpo vivido, presença no mundo, maneira de aproximação dos outros, de olhar-se, de ter acesso a si mesmo a partir de fora. Como no famoso poema de André Breton, o corpo se dissolve numa cadeia de remissões metafóricas de grande sensualidade.

A união livre
Minha mulher com o cabelo de fogo de lenha
Com pensamentos de relâmpagos de calor
De talhe de ampulheta
Minha mulher com talhe de lontra entre os dentes do tigre
Minha mulher com boca de roseta e de buquê de estrelas de última grandeza
Com dentes de rastro de camundongo sobre a terra branca
Com língua de âmbar e de vidro em atritos
Minha mulher com língua de hóstia apunhalada
Com língua de boneca que abre e fecha os olhos
Com língua de inacreditável pedra
Minha mulher com cílios de lápis de cor das crianças
Com sobrancelhas de borda de ninho de andorinha
Minha mulher com têmporas de ardósia de teto de estufa
E de vapor nos vidros
Minha mulher com espáduas de champanhe
E de fonte com cabeças de delfins sob o gelo
Minha mulher com pulsos de fósforos
Minha mulher com dedos de acaso e de ás de copas
Com dedos de feno ceifado
Minha mulher com axilas de marta e de faia
De noite de São João
De ligustro e de ninho de carás
Com braços de espuma de mar e de eclusa
E de mistura do trigo e do moinho
Minha mulher com pernas de foguete
Com movimentos de relojoaria e desespero
Minha mulher com panturrilhas de polpa de sabugueiro
Minha mulher com pés de iniciais
Com pés de chaveiros com pés de calafates que bebem
Minha mulher com pescoço de cevada perolada
Minha mulher com a garganta de Vale d'Ouro

De encontro no leito mesmo da torrente
Com seios de noite
Minha mulher com seios de toupeira marinha
Minha mulher com seios de crisol de rubis
Com seios de espectro da rosa sob o orvalho
Minha mulher com ventre de desdobra de leque dos dias
Com ventre de garra gigante
Minha mulher com dorso de pássaro que foge vertical
Com dorso de mercúrio
Com dorso de luz
Com a nuca de pedra rolada e de giz molhado
E de queda de um copo do qual se acaba de beber
Minha mulher com ancas de chalupa
Com ancas de lustre e de penas de flecha
E de caule de plumas de pavão branco
De balança insensível
Minha mulher com nádegas de arenito e de amianto
Minha mulher com nádegas de dorso de cisne
Minha mulher com nádegas de primavera
Com sexo de gladíolo
Minha mulher com sexo de mina de ouro e de ornitorrinco
Minha mulher com sexo de algas e de bombons antigos
Minha mulher com sexo de espelho
Minha mulher com olhos cheios de lágrimas
Com olhos de panóplia violeta e de agulha magnetizada
Minha mulher com olhos de savana
Minha mulher com olhos d'água de beber na prisão
Minha mulher com olhos de madeira sempre sob o machado
Com olhos de nível d'água de nível de ar de terra e de fogo[1].

Para aquele que ama, o corpo da amada é o horizonte do mundo. A constelação de suas zonas erógenas é um arquipélago emocional inassimilável

---

1. André Breton, "L'Union libre", *Le revolver à cheveux blancs*, Paris: Éditions des Cahiers Libres, 1932. Em português: "A união livre", tradução de Priscila Manhães e Carlos Eduardo Ortolan, ZUNÁI – Revista de poesia & debates, ano IV, edição XVI, outubro de 2008. Disponível em: <http://www.revistazunai.com/ traducoes/andre_breton.htm>. Acesso em: fevereiro de 2012.

a qualquer outra fisionomia. Suas características erótico-estéticas estão impregnadas de conotações espaçotemporais, mesmo quando abandonadas, sufocadas ou aniquiladas pela diminuição da disponibilidade do corpo. Se nas formas psico(pato)lógicas da existência o caráter mundano do corpo é invariavelmente deformado, em seu vigor o corpo se revela plenamente disponível: uma disponibilidade sempre coexistencial e não instrumental. Talvez nunca como nessa condição, o corpo-que-tenho e o corpo-que-sou tendem a uma unidade profunda. Esse corpo-para-mim, embebido de erotismo, projeta-se em direção ao corpo alheio, mais que uma simples presença. A própria sexualidade ultrapassa o corpo, intencionando o outro, mesmo quando não há mais encontro e a objetivação é mais aguda.

Embora implique um *bios* irredutível, a sexualidade humana é uma expressão crucial do ser-aí, não uma esfera autônoma. É natureza, mas também história dos desejos, das renúncias, das necessidades, do imaginário humanos. Embora seja frequentemente recalcada, essa história é uma chave essencial de leitura de uma vida. Na sexualidade, ainda que inconscientemente, o homem explicita a própria maneira de ser em relação ao mundo: aberturas e fechamentos existenciais, criatividade e agressividade, coragem e esperança.

Psico(pato)logia do corpo

Ao lermos Franz Kafka: "Quando certa manhã Gregor Samsa acordou de sonhos intranquilos, encontrou-se em sua cama metamorfoseado num inseto monstruoso" (*A metamorfose*[2]); ou então Oscar Wilde descrevendo o rosto "encarquilhado e repugnante" (*O retrato de Dorian Gray*[3]); ou André Breton que faz do corpo da amada a "pedra angular do mundo material", "a própria ideia da salvação eterna"[4], ocorre a pergunta: o que se torna o corpo de um homem melancólico, maníaco, esquizofrênico, ansioso?

2. Franz Kafka, *La metamorfosi*, tradução de Rodolfo Paoli, Alba (Piemonte): San Paolo, 1993. Ed. bras.: *A metamoforse*, tradução de Modesto Carone, São Paulo: Companhia das Letras, 2006.
3. Oscar, Wilde, *Il ritratto di Dorian Gray*, tradução de Franco Ferruccio, Turim: Einaudi, 1996. Ed. bras.: *O retrato de Dorian Gray*, tradução de Enrico Corvisieri, São Paulo: Nova Cultural, 2003.
4. André Breton, *Arcane 17*, Nova York: Brentano's, 1945. Ed. bras.: *Arcano 17*, tradução de Maria Teresa de Freitas e Rosa Maria Boaventura, São Paulo: Brasiliense, 1985.

Meu corpo, teu corpo, o corpo da mulher amada por Breton, o corpo do paciente melancólico (com seu insustentável peso), o corpo do paciente maníaco (com sua irrequieta mobilidade), o corpo do esquizofrênico (com seu indecifrável caráter enigmático) são corpos-mundo, corpos-presença, corpos-vividos. Mas, precisamente, o que significa corpo-vivido? O que significa se relacionar com alguém que se comunica conosco mediante a própria corporeidade, formada no (e do) próprio mundo: as mãos ásperas do camponês, a obesidade da mãe idosa, a magreza da anoréxica e assim por diante? O que narram os corpos que encontramos nas enfermarias hospitalares: corpos-mundos, corpos que são, corpos que somos, corporeidades vividas?

O tema da transformação corpórea, na literatura assim como na clínica, é uma situação extremamente limítrofe que excede toda distinção entre psique e soma, até o ponto em que o corpo deformado toma o lugar do delírio, substituindo a própria palavra que o designa. Em determinadas condições psicopatológicas, a integração Eu-corpo-mundo se dissolve: o corpo pulveriza o corpo, arrastando consigo o próprio Eu. Por exemplo, na despersonalização – condição em que os momentos constitutivos espaçotemporais da corporeidade são descontínuos, desarmônicos, deformados –, a distinção entre ser corpo e ter um corpo é extremamente fascinante. Nessa condição, em que a experiência corpórea habitual dá lugar à dissolvência gradual da percepção do próprio corpo, as características fundamentais deixam de ser óbvias e têm de ser, a cada vez, recuperadas (muitas vezes sem sucesso), controladas, reconfirmadas. Nessa perda da evidência natural do próprio corpo, olhar mais e mais as mãos, o rosto, a silhueta, remete a um controle repetitivo vazio sem maiores finalidades.

A experiência da despersonalização interrompe a percepção da própria vida como um conjunto de acontecimentos pessoais. Um "como se" imediato e pré-reflexivo se impõe, dissolvendo a compacidade da realidade: como a dizer "quanto mais me observo mais me sinto irreal". Noutras vezes, fora das habituais perturbações, o corpo se faz fortemente presente. Naturalmente há momentos positivos, como quando, no fim de um longo esforço físico ou de um extenuante trabalho intelectual, nos pomos inertes a descansar; quando nos deitamos na areia ao sol; quando matamos a sede após uma longa caminhada; quando uma carícia corresponde ao nosso desejo. Nesse caso, corpo e corporeidade coincidem e um sentimento de plenitude, segurança e satisfação nos invadem. Ao contrário, quando se me revela negativamente – desde as multiformes dores físicas à despersonalização, da depressão vital à anorexia nervosa, do autismo à apatia catatônica, da desaceleração psicomotora ao pânico paralisante –, o meu corpo se me revela como peso ou puro desvanecimento. O corpo limita assim a liberdade de ação, até se constituir como um diafragma entre o Eu e as coisas. Subtraindo-se à minha disponibilidade, as coisas se tornam inalcançáveis, não mais relacionáveis à minha experiência.

No corpo, estrutura e significado coincidem. Nesse limiar entre interior e exterior, a superfície que encerra meu corpo é inacessível em direção ao interior e, na direção oposta, é aberta para o mundo da vida.

Epistemologia do corpo

Apesar de inúmeras tentativas de compreensão, o corpo humano nos desferiu uma derrota radical em todas as frentes do conhecimento. A corporeidade ainda é um texto a ser inteiramente decifrado. No entanto, é justamente do desmentido de nosso suposto conhecimento sobre o corpo – de seu sentido ambíguo e inapreensível, mas talvez por isso mesmo ainda mais aberto à possibilidade – que a corporeidade se distingue como *tertium* entre Eu e mundo. A tentativa das ciências experimentais de explicar a anatomia, a fisiologia e a patologia do corpo naufragou precisamente quando o enigma parecia destinado a se resolver. Sequer o destino "magnífico e progressivo" prometido pelos métodos de imagens cerebrais parece estar a salvo da derrota mais radical. A incapacidade de qualquer postura disjuntiva de apreender os modos essenciais de nosso ser-corpo está cada vez mais clara. A mística da etiologia vai se dissolvendo progressivamente nos múltiplos fatores das concausas determinantes, na contínua reescrita das regras da saúde, no jogo autorreferencial dos mais disparatados paradigmas fisiopatológicos. Mesmo em suas formas mais refinadas, a epistemologia médica não parece ser capaz de se subtrair ao risco de uma espécie de colagem de esferas diferentes: falta, em suma, uma percepção de conjunto que deixe vislumbrar a coincidência entre dado e experiência. É assim que, solicitado por poderosas fascinações tecnocientíficas, na parcialidade das superespecializações, o médico custa a levar a efeito uma visão de conjunto do corpo-que-ele-próprio-é e do corpo-que-tem-diante-de-si. A ausência de respostas técnicas e a presença irredutível do mistério se traduz em desnorteio, confusão, incerteza.

As pessoas se tornam médicos por causa do corpo. Mas o corpo é um caminho, não uma meta. Os estudos, embora essenciais, de anatomia, fisiologia, biologia molecular dos primeiros anos dos estudos de medicina fragmentam toda representação viva e dotada de sentido. Só mais tarde as disciplinas clínicas restituem uma ideia do paciente como ser humano. Claro, a apalpação, a inspeção, a auscultação, a percussão, os exames de laboratório e mesmo a atividade diagnóstica e terapêutica são meios para acessar a incandescente complexidade do homem. No entanto, mesmo quando provamos o "vivo" da matéria corpórea, nunca conseguimos desnudar o mistério da vida. Com sua dramática unicidade, sua inexplicável e irredutível ambivalência, o corpo nos obriga a reescrever novos capítulos; ou então, paradoxalmente, a parar de escrever, talvez a nos calar, como numa necessária pausa epistemológica.

Apesar de tudo, a tecnociência não quer se render. Continuando a negar a própria derrota e, ao mesmo tempo, a urgência de uma abordagem diferente do corpo humano, teima no caminho de uma pesquisa cada vez mais virtual. A insídia mais aguda é hoje representada pela elaboração de modelos e paradigmas, por vezes até flexíveis e elegantes, que já não têm nada a ver com o corpo humano vivo, sujeito da própria experiência, no qual o Eu e o mundo se manifestam ora se eclipsando, ora se desvelando em um jogo infinito de remissões, sempre diferentes e nunca codificáveis até o fim. Por outro lado, embora a fenomenologia e a psicanálise tenham deslocado enormemente as fronteiras da corporeidade, fazendo com que refluísse no mundo-da-vida, na luminosa clareza das experiências de vida – como uma terra que emergiu, arrancada às marés do inconsciente –, elas parecem hoje estagnadas diante de uma corporeidade que constitui o primeiro e o último e irredutível enigma existencial.

O CORPO DOENTE

Ainda hoje, a doença do corpo (e, portanto, da existência doente) é a emergência que desafia e extenua o jogo de resultado zero das compreensões, das interpretações, das explicações. A corporeidade doente – a condição do Eu e do mundo que se eclipsam no sintoma do corpo doente, enquanto o sujeito se retrai (dissimulando a si mesmo) numa concretude que apaga toda dimensão metafórica do discurso –, pois bem, essa corporeidade doente inflige ainda muitas derrotas à cirurgia, à farmacologia, à psicologia e à própria psiquiatria. Para quem se move em âmbitos terapêuticos, não é raro perceber uma impotência desesperadora pela incapacidade de impedir que um homem escorregue pelo plano inclinado da corporeidade doente. Ao abrigo da "cortina de ferro" do corpo, toda possibilidade de experimentar-se como presença é negada, todo discurso se esvazia de elementos simbólico-metafóricos, constituindo-se, ao contrário, na enrijecida representação de órgãos internos deteriorados ou debilitados. Com o tempo, sintomas e emoções se tornam a única expressão corpórea à qual se acrescenta uma dor que apaga a vivência como única possibilidade de esclarecimento. Como se, mediante o corpo doente, a angústia daquela pessoa encontrasse alívio no espaço de uma pura contenção.

Hoje o sofrimento ou o mal-estar do homem são codificados por meio da medicalização do tratamento. O corpo doente se torna assim, paradoxalmente, o último silencioso espaço dialógico de um homem incapaz de respostas, que enterra as perguntas no corpo, mistificando o próprio discurso na distanciadora neutralidade dos mecanismos fisiopatológicos. As fichas clínicas se parecem cada vez mais com textos nos quais os médicos (modernos amanuenses) transcrevem as histórias dolorosas de parte da humanidade: histórias arquivadas como doenças e sem mais nenhuma possível releitura de sentido. À diferença das grandes civilizações do passado, que deixaram obras de arte que, como monumentos à memória, refletem visões do mundo, nossa época ocultou e silenciou em intermináveis arquivos hospitalares a angústia da existência, selando-a em síndromes clínicas em lugar de deixá-la falar.

Diante disso tudo, o mal-estar da medicina, fechada em um silêncio constrangido, parece enorme. Recusar ao corpo um valor comunicativo – certamente ambíguo, impreciso, alusivo (mas, de todo modo, autêntico) – fecha o acesso a qualquer outra dimensão, a soluções do conflito em um horizonte humano. No médico que transcreve sua história, o paciente que conta as próprias vicissitudes e sintomas não encontra o historiógrafo de sua existência, mas o frio classificador dos dados clínicos, laboratoriais, instrumentais: pedras miliares de um itinerário desprovido de significação humana. Não é raro o médico assumir posturas colusivas com as de seu paciente, causando a ocultação de possíveis verdades históricas, trânsitos existenciais cruciais, precipitados na opacidade de códigos sintomatológicos e clínicos irremediavelmente distantes do sentido das vicissitudes emocionais originárias.

Com a construção de modelos etiopatogenéticos cada vez mais elegantes e inverossímeis, sobretudo desvinculados da experiência do corpo, a medicina foi progressivamente aviltando a corporeidade: artificialidade ainda mais clara quando é um médico a adoecer. Com efeito, do médico, seria de esperar um comportamento diferente daquele de uma pessoa comum: um comportamento marcado por um estilo objetivo que, do corpo, assume em primeiro lugar a anatomia e a fisiologia. Mas o médico adoece como todos e, como todos, não será compreendido. Mesmo pelo médico ao qual contará seu sofrimento. Eclode a contradição entre o que ele aprendeu em sua profissão e o que seu corpo lhe comunica. De nada servem os conhecimentos científicos experimentados mil vezes com os pacientes. A evidência e a certeza da própria vivência corpórea prevalecem sobre tudo o mais.

Na anamnese, conhecimentos confusos entre si em representações grosseiras, aproximativas, ambíguas, alimentam multiformes fantasias sobre o corpo. Ao traduzir a vivência corpórea (que lhe é confiada de forma alusiva, metafórica, simbólica) em linguagem científica, o médico não raro perde aquelas conotações emocionais e biográficas estratificadas em torno da corporeidade que, de um lado, manifestam seu sentido e, de outro, ocultam o significado último do sofrimento. Contudo, a corporeidade doente não é uma questão interpretativa ou hermenêutica. De fato, remete a uma crise mais generalizada da presença, que precipitou no cerne obscuro da sintomatologia. O malogrado esclarecimento da existência faz correr o risco de imobilizar a própria vida da pessoa, de congelá-la na cronicidade da dor, na dramatização da própria limitação funcional, como metáfora do fechamento de uma solicitação de sentido à qual não se pôde responder de outra maneira.

A conversão da corporeidade em corpo doente provoca, por assim dizer, uma retração cicatricial da existência que impede de apreender a fratura da coexistência que aflorou por meio da enfermidade: fratura que transfigura as relações com o mundo em um crescendo de fechamentos progressivos e irreversíveis. Às vezes, é singular assistir a formas de reorganização de sentido em torno da mutilação (do sentido) ou da lesão, como se alguma coisa impelisse em direção a uma solução da pergunta à qual se receia não dever (ou poder) mais responder. O afastamento do mundo é especular àquele do Eu: na opacidade e na turvação do corpo adoecido, Eu e mundo se ocultam reciprocamente, esvaziando todos os espaços de todos os objetos, espelhando assim a própria imagem de corporeidade doente.

Depois de algum tempo, o doente se torna inapreensível: desaparece subjetiva e intersubjetivamente, tornando-se ele próprio instrumento passivo de processos institucionais e econômicos. Em casos extremos, sua biografia, sua própria vicissitude humana e existencial são apagadas de sua memória: o corpo-objeto-doente se torna o foco exclusivo de sua atenção. O sintoma congela e cristaliza qualquer problemática subjetiva. No corpo doente transcreve-se uma cartografia de achados ocultos, que nunca mais poderão ser revitalizados, mesmo que trazidos à tona. Sequer as indagações mais agudas (analítica, existencial, hermenêutica) poderão dissolver a opacidade e os nós de significado de uma corporeidade chancelada na cronicidade de sua doença. Isso não significa que quando a sintomatologia surge não se possam empreender outros caminhos terapêuticos. Ao lado dos métodos instrumentais e de laboratório, da semiótica e da clínica, a fenomenologia e a psicanálise nos confiaram instrumentos muito sutis para reencontrar significados existenciais, precisamente ali onde as ciências naturais veem apenas acontecimentos neutros e destituídos de sentido.

Na dor não se dão atalhos, nem assepsia no tratamento. As feridas da alma assemelham-se às chagas do corpo: para aliviá-las não basta a nobreza da palavra, mas se faz necessária uma mobilização de todos os sentidos.

Anatomia fenomenológica

Há uma anatomia normal e uma anatomia patológica. Mas há mais uma, radicalmente diferente das outras: uma anatomia fenomenológica, que não se aprende nos atlas, nas salas de anatomia, nos preparados anatômicos ou nos modelos: que não prevê cátedras e que, na maioria das vezes, é ignorada pelos meios de comunicação. É um conhecimento que se aprende apenas na comunicação dialógica. Ou atuando como médico. Não tanto o psiquiatra. Para melhor dizer, praticando a medicina com o olhar do psiquiatra: isto é, tocando com a mão do médico, mas auscultando mediante os sentidos desconhecidos da semiologia física, por mais atenta e sofisticada que possa ser.

Mas o que é essa anatomia fenomenológica que não se encontra nos livros e que se aprende diretamente das descrições dos pacientes? E em que sentido uma pessoa comum pode ensinar alguma coisa a um médico? Em primeiro lugar, cada qual tem o seu corpo: eu, você, ela, ele. Todavia, cada um de nós é seu corpo. O que eu comunico ao médico sobre meu corpo diz respeito, sempre e somente, à vivência do meu corpo. Não uso um atlas de anatomia. Os órgãos ou os tecidos dentro de mim não têm coordenadas anatômicas: esses são conceitos da anatomia médica, da anatomia como ciência de dissecação, uma ciência extremamente distante da anatomia vivida, que talvez devêssemos chamar corporeidade. As duas coisas são inassimiláveis. Corporeidade, de fato, já significa corpo vivido: o que eu sinto, como eu sinto. Enquanto o médico pensa no órgão anatômico, nas relações desse órgão com os outros, naquele preciso instante nossa vivência já foi distorcida. Em minha vivência, há, na verdade, o órgão e minha ansiedade, meu corpo e meu mundo: são coisas inseparáveis.

Outrora o médico escutava tudo. Hoje, pede-se a ele que separe, que distinga o dado útil (aquele a ser vinculado à fisiopatologia do órgão) do dado espúrio (aquele a ser desconsiderado). Já nos perguntamos, por acaso, quanta verdade e quanto sentido daquela pessoa há naquele dado que será perdido? Quanto ficará sem ser ouvido e nunca mais poderá ser objeto de referência? O que acontece com tudo aquilo que ninguém mais ouve: a vivência do corpo, de que a medicina corta fora a vivência e a psicologia corta fora o corpóreo? Quem vai consultar um médico não conhece anatomia. Fala de seu corpo assim como o sente, ignorando os detalhes. Inevitavelmente, é o médico quem relê e reescreve a corporeidade do paciente em termos anatômicos.

Mas se a medicina paira sobre a corporeidade, o sentido não pode se dissolver como um resíduo inútil. Sempre é necessário que alguém escute, que narre e que ajude a contar ainda a própria história. Então é a vez do psiquiatra, médico da corporeidade, curador do corpo imaginário, de um imaginário encarnado. Neste, como em outros casos, o psiquiatra se torna médico daquilo que não existe, daquilo que não pode ser clinicamente objetivado. Seu conhecimento é o recurso de reserva, elaborado pela medicina, para recuperar o que ela mesma perdeu da capacidade e da possibilidade de compreender.

Antes de ser indagada em suas determinações corpóreas, a corporeidade deve ser escutada em seu sentido narrado, em seu manancial metafórico. Eis que então, somente então, se desvela a corporeidade como mistério do corpo que sou, meu ser trâmite com o mundo, meu ser mundo encarnado. A corporeidade se torna, então, uma região da vida, um lugar da presença, onde não existem mais psique, soma e mundo, Eu e outros como entidades separadas.

Entre mente e mundo

> *O último passo da razão é reconhecer que*
> *há uma infinidade de coisas que a ultrapassam.*
> BLAISE PASCAL

A ideia que temos hoje sobre a mente é bastante diferente daquela dos estudiosos do início do século XX. Ao longo do tempo, o conceito de mente passou por notáveis transformações terminológicas e de significado (basta pensar no grego *psyché* ou no latino *mens*) e, na verdade, sua genealogia ainda é remota e desconhecida. Em época moderna e contemporânea, para seu sucesso conceitual contribuiu o famoso filósofo francês René Descartes, cuja tese – mente (*res cogitans*) e corpo (*res extensa*) como entidades muito distintas – inspirou por muito tempo (e de certa maneira inspira até hoje) o chamado dualismo filosófico.

Na realidade as coisas não são tão simples. Na VI das *Meditações sobre filosofia primeira*[1], Descartes afirma, surpreendentemente, que é a consciência de nosso corpo o que restitui um caráter especial a nossas outras experiências:

> Por meio dessas sensações de dor, fome, sede etc. – observa admiravelmente Descartes – a natureza me ensina não somente que estou dentro do meu corpo como um piloto em seu navio, mas [também]

---

1. René Descartes, *Meditazioni sulla filosofia prima*, tradução de Giorgio Brianese, Milão: Mursia, 1994. Ed. bras.: *Meditações sobre filosofia primeira*, tradução, nota prévia e revisão de Fausto Castilho, Campinas (São Paulo): Editora da Unicamp, 2004.

que estou tão estreitamente ligado a ele, e quase confundido e misturado com ele, a ponto de constituir [com ele] um todo único. De fato, se assim não fosse, quando meu corpo fosse ferido, eu não sentiria por isso dor alguma, eu que não sou apenas uma coisa pensante, mas perceberia, com o puro intelecto, essa lesão justamente como o piloto percebe com a visão se o navio sofreu algum dano. E quando meu corpo precisasse de bebida ou de comida, eu perceberia com clareza, sem ter aquelas confusas sensações de fome e de sede. De fato, essas sensações de fome, sede, dor etc. são apenas modos confusos de pensar que provêm e dependem da união, e da quase mistura da mente com o corpo.

Em contraste com os temas de sua enorme notoriedade, como o trecho aqui reproduzido mostra, Descartes coloca perguntas evidentes para a compreensão da relação da mente com o corpo. Ele afirma: eu sou conjunto com meu corpo, minha mente e meu corpo são misturados, formam uma união, um único todo. Sustenta, ademais, que nós temos consciência do que acontece em nosso corpo, mas não da mesma maneira que se dá com os objetos exteriores a ele. De fato, nós não observamos o nosso corpo como as outras coisas. Por exemplo, eu não tenho de controlar minhas pernas ou as mãos em meus bolsos para conhecer sua posição. Sei disso sem ter de verificar, à diferença daqueles pacientes que, por uma lesão cerebral, perderam o sentido da própria posição e do movimento do corpo no espaço. Há pacientes que, por exemplo, para ter consciência do movimento e da posição do próprio corpo, têm de observá-lo e controlá-lo o tempo todo, precisamente como o marinheiro cartesiano observa e controla o próprio navio.

Todavia, Descartes tornou-se famoso pela tese segundo a qual mente e corpo são entidades separadas que interagem casualmente. Afirmou sentir-se uma coisa que pensa, uma mente, uma inteligência, uma razão e não um conjunto de órgãos chamado "corpo humano". Embora tenha admitido explicitamente certa interação da mente e corpo, Descartes não conseguiu explicar como esta possa ser distinta e, ao mesmo tempo, unida ao corpo. Preferiu desistir das explicações e confiar a questão à intuição pura.

Naturalmente se o conhecimento fosse uma questão que diz respeito apenas à mente, então tudo passaria através da mente e não pela união de mente com corpo. Noutras palavras, nós não perceberíamos os objetos exteriores por meio de nossos sentidos (receptores, vias sensitivas espinhais, tálamo e, por fim, projeções sensitivas corticais), mas apenas por meio do intelecto. Não por acaso Descartes considera a percepção uma esfera obscura, o efeito de uma mescla de mente e corpo mediada por funções sensoriais como a visão, o tato, a audição e assim por diante.

Na realidade, no decorrer dos séculos muitos estudiosos afirmaram que a mente é uma característica autônoma de nosso mundo e, seja qual for seu funcionamento, a física, a química ou a biologia não são capazes de explicar seu funcionamento. Pela impossibilidade de identificar nossos processos mentais com seus correlatos neurobiológicos, muito melhor descrever suas leis, regularidades e funções em termos de "estados mentais". A organização psíquica – o pensamento, a decisão, a categorização e assim por diante – constitui-se de sequências lógicas e estados mentais cujos correspondentes biológicos ainda nos faltam.

DA MENTE DESENCARNADA À CONSCIÊNCIA DESENCARNADA

Apesar da enorme riqueza, a concepção cartesiana da mente desencarnada é acometida de relevantes dificuldades teóricas e empíricas. A primeira dificuldade deriva do fato de que o pensamento é inseparável do mundo. Se assim não fosse, a mente não poderia conhecer o que está fora dela e o próprio conhecimento se daria inteiramente dentro de um sistema fechado. No entanto, nós não tomamos conhecimento por meio de rápidas incursões ao mundo exterior, para depois voltarmos, com um apanhado de informações, à torre de marfim da mente. Nós vivemos no (e do) mundo. A segunda dificuldade é que essa concepção negligencia a influência do corpo no conhecimento. Sem o corpo e suas capacidades sensórias e motoras, muitos aspectos do pensamento e do conhecimento humano seriam totalmente inexplicáveis. Por exemplo, se nossos olhos percebessem um comprimento de onda das radiações eletromagnéticas diferente daquele que normalmente percebem; ou se nossas percepções do mundo fossem mediadas por estruturas sensitivas como o sonar dos morcegos, se assim fosse, então nossos conceitos diários seriam bem diferentes. A terceira dificuldade é que a concepção da mente desencarnada não considera como deveria o papel desempenhado pelas emoções no pensamento humano e, de forma mais ampla, no conhecimento humano. As emoções são fenômenos biológicos com fortes implicações culturais, boa parte das quais em correspondência com a obtenção de metas e com a solução de problemas. Resolver um problema é uma atividade complexa, por implicar objetivos em conflito entre si, rápidas mudanças de âmbitos, fortes interações ambientais e sociais. As emoções desempenham funções cognitivas importantes, por favorecerem a avaliação sumária do contexto, a focalização para a solução de problemas, a prontidão da resposta, a rapidez da ação.

Milhões de anos de evolução transformaram o cérebro humano em um formidável instrumento biocultural. Nessa longa viagem, nenhuma estrutura prevaleceu sobre as outras. Afirmou-se, antes, uma extraordinária complementaridade entre suas estruturas e funções, que deu vida a complexas arquiteturas imateriais, deixando aflorar também (e talvez sobretudo) os juízos morais. Tudo isso teria sido impensável sem a colaboração entre as estruturas arcaicas do cérebro, como aquelas vinculadas à emotividade, e aquelas mais recentes do ponto de vista evolucional, delegadas às decisões racionais. Mediante suas conexões com uma grande quantidade de estruturas cerebrais, o córtex pré-frontal (que não é a "sede" dos juízos morais, como afirmam os novos "localizacionistas") possui em seus "arquivos" o conjunto dos esquemas comportamentais necessários à elaboração das informações cognitivas e emotivas requisitadas por um juízo[2]. Nesse sentido, toda decisão depende do conjunto das ligações e dos nós neurais, dos quais emergem os processos racionais que selecionam os aspectos positivos e negativos de uma emoção.

As estruturas neurais herdadas no período da evolução selecionaram sistemas de valor fundamentais para o funcionamento cerebral[3]. Sua função é estabelecer vínculos específicos da espécie em relação à multiplicidade dos eventos do comportamento individual. Todavia, tais mecanismos adaptativos não devem ser confusos com as categorias selecionadas da experiência. À diferença da maioria dos animais, no homem o aprendizado de novas categorias pode modificar os valores considerados isoladamente e, por conseguinte, os sistemas de valores. Numa sociedade, esses sistemas de

---

2. Alberto Oliverio, *La vita nascosta del cervello*, Milão: Giunti Editore, 2009.
3. Gerald Edelman, *Second nature: brain science and human knowledge*, New Haven/Londres: Yale University Press, 2006.

valor contribuem para a construção de procedimentos prescritivos, embora sem determiná-los diretamente. O prazer, o sofrimento e as outras emoções que derivam de sensações e conteúdos cognitivos (como também das respostas corporais por eles gerados) refletem a atividade moduladora dos sistemas de valor. Sua interação pode gerar uma quantidade enorme de emoções primárias e secundárias, com e sem eventos cognitivos concomitantes. Trata-se de respostas intimamente associadas à elaboração do processo que chamamos *Self*.

DA MENTE ENCARNADA À MENTE ESTENDIDA

Em termos evolucionais o sistema nervoso humano desenvolveu-se principalmente para coordenar as percepções, os movimentos do corpo e outras atividades necessárias à sobrevivência da espécie, como a caça, o acasalamento e a criação da prole. É natural, portanto, que entre as habilidades do corpo que contribuem para as atividades da mente estejam incluídas também as sensoriais e motoras. Nesse sentido, é apenas aparentemente paradoxal a ideia de que a evolução tenha favorecido o desenvolvimento do conhecimento para a ação eficaz e não para a reflexão. Os primeiros homens ignoravam a agricultura, a escrita, a política. Falavam uma linguagem feita de simples sons, mais do que palavras. Gritos, vozes de animais, sílabas, acompanhados e salientados por gestos e tons diferentes, mas não palavras. Estas chegaram mais tarde. Claro, aqueles homens dialogavam consigo mesmos, mas sua linguagem interior era demasiado lenta para aquele mundo imprevisível e insidioso. E, afinal, era preciso ser veloz: veloz ao reagir à agressão de um predador ou ao ganhar o caminho de fuga; veloz ao decidir se e como perseguir uma presa; veloz ao tirar proveito de um território ou na escolha da própria morada.

Os recursos naturais limitados impunham àqueles homens em busca de alimento para suas crias a antecipação dos outros em termos temporais. Somente decisões rápidas poderiam lhes garantir a sobrevivência. No entanto, a velocidade apenas não bastaria. Escolhas tão decisivas tinham de ser, se não as melhores em absoluto, ao menos eficazes do ponto de vista adaptativo. É provável que sem elas o nascimento da civilização, e talvez a própria evolução da espécie, teria sido impossível. De resto, tem certo fundamento pensar que muitas decisões humanas (especialmente as intuitivas) tenham se desenvolvido precisamente a partir das limitações cognitivas do homem, revelando-se flexíveis diante de situações imprevistas e, sobretudo, ecológicas no que tange ao uso dos recursos ambientais.

A evolução da espécie deu lugar a uma troca desigual: enquanto a biologia inventou a cultura, esta não melhorou muito a natureza humana (basta pensar no inelutável flagelo da guerra no mundo). Portanto, embora a corticalização do cérebro humano tenha sido rápida, as estruturas subcorticais ainda conservam o papel de sempre. Nesse sentido, se decerto é verdade que a mente humana acumulou informações e conhecimento mediante uma relevante quantidade de decisões racionais, a grande maioria das decisões foi apoiada por uma lógica natural[4] cujas regras mostraram-se evolucionalmente vantajosas.

Ora, se é verdade que o conhecimento se baseia em certas capacidades do corpo, estas se cumprem principalmente através de processos exteriores à mente: processos, por assim dizer, "tecnológicos", que colaboram com os processos internos à mente para formar um sistema integrado. Inúmeras evidências atuam a favor e sustentam tal hipótese, começando por algumas descobertas paleontológicas que mostram que a atividade mental dos neandertalianos e do *Homo sapiens* arcaico (de 130 mil a 60 mil anos atrás) estava fundamentada, comparada à nossa, quase exclusivamente em seus cérebros, que não eram muito diferentes dos nossos, a não ser pelo córtex cerebral[5]. Naturalmente, comparada com as nossas funções cognitivas atuais, sua mente havia de ser muito limitada. No entanto, com o uso das primeiras formas de cultura material – isto é, de processos exteriores à mente que possibilitaram a extensão da mente –, os homens começaram a se emancipar das restrições materiais impostas pelo cérebro. Essa extensão da mente deu início a uma nova fase da evolução. Em pouco mais de cinquenta mil anos, os seres humanos passaram das atividades desempenhadas mediante ferramentas de pedra (arranjar comida e assim por diante) à reflexão sobre si mesmos e o mundo que habitavam.

---

4. Mauro Maldonato e Silvia Dell'Orco, *Psicologia della decisione*, Milão: Bruno Mondadori, 2010.
5. Steven Mithen, "Mind, brain and material culture: an archaeological perspective", in P. Carruthers e A. Chamberlain (orgs.), *Evolution and the human mind. Modularity, language and meta-cognition*, Cambridge: Cambridge University Press, 2000, pp. 207-217.

Um primeiro exemplo de processo exterior à mente é a escrita. Qualquer um – intelectual, cientista ou simples homem da rua – recorre ao uso da escrita, de outro modo não conseguiria ultrapassar os limites, bastante drásticos, da memória e da capacidade de cálculo. Ou seja, o homem tem de recorrer a uma representação exterior que se baseia em suas capacidades sensoriais e motoras. Sem a escrita, de fato, nenhum discurso ficaria impresso na mente. Não é precisamente a escrita que tornou possível o pensamento abstrato que, por sua vez, deu vida à filosofia e à ciência? Outro exemplo de processo exterior à mente é a geometria elementar. Sabemos perfeitamente que mesmo a mais banal das demonstrações de cálculo geométrico não pode se desdobrar simplesmente na mente, mas exige a participação da visão, dos movimentos da mão e assim por diante. Além disso, para chegar a uma demonstração é preciso desenhar figuras externas à mente, usar suas propriedades. A interação entre a figura e a mente dá lugar a um sistema que pode realizar demonstrações de geometria elementar que a mente, sozinha, não estaria apta a fazer: isso demonstra como e em que medida as relações geométricas estão incorporadas na própria figura. Um exemplo adicional de processo exterior à mente é a aritmética simples. Ao calcular o produto de dois números, utilizamos símbolos escritos no papel, chegando ao produto final mediante a visão, o movimento da mão e a coordenação motora entre os olhos e a mão. Baseando-se na memória, a mente realiza cálculos parciais e somas. Naturalmente, hoje são poucos os que fazem cálculos anotando símbolos no papel. De fato, utilizamos calculadoras, computadores e outros meios. Todavia, a diferença não é grande. Em vez de ser realizado no papel, o cálculo é realizado por uma máquina criada pelo homem. Outros exemplos poderiam ser os do uso de símbolos algébricos, ou das deduções lógicas.

Mas qual é a linha divisória entre a mente e os processos exteriores a ela? Para uma economia do conhecimento não tem muita importância se os processos cognitivos nascem (e morrem) na mente, fora dela ou se eles se realizam mediante meios biológicos ou tecnológicos. Importante é, antes, distinguir entre as partes do sistema que adquirem conhecimento e aquelas que sustentam o próprio sistema. Por exemplo, o uso do papel sobre o qual escrever o produto de dois números ou os relativos símbolos não é essencial, porque em seu lugar poderíamos usar indiferentemente uma lousa, uma calculadora ou um computador. A linha que divide a mente dos processos externos a ela não é muito nítida, porque se trata de processos adaptativos. Desde suas origens, o homem ajudou a mente com processos tecnológicos externos que serviam para expandir suas capacidades, e isso abriu a mente a uma multiplicidade de processos tecnológicos externos a ela.

Mente, corpo, mundo

Acabamos de considerar apenas alguns exemplos de interação entre os processos exteriores e interiores à mente de um sistema cognitivo, processos abertos que se expandem *pari passu* com o desenvolvimento dos conhecimentos e das tecnologias. Os exemplos matemáticos mostram como a mente é potenciada pelo recurso a processos exteriores a ela. O nosso "cérebro matemático" é capaz de formular módulos numéricos e de usar os instrumentos matemáticos fornecidos por nossa cultura[6]. Entre eles, há também processos tecnológicos exteriores à mente. Na realidade, também o homem de Neandertal possuía habilidades rudimentares de cálculo numérico, embora não tenha sabido servir-se disso o suficiente. Suas capacidades mentais se limitaram ao pouco que o cérebro era capaz de fazer.

Com uma feliz provocação, Francisco Varela afirmou que a "consciência não está na cabeça"[7]. Ora, se é verdade que a consciência é determinada pela atividade integrada (e altamente diferenciada pelo cérebro), ela ultrapassa amplamente as fronteiras do corpo para dar lugar, numa forte codeterminação e coimplicação entre mente e corpo, às vivências individuais. Por isso a consciência é mais que seu corpo. Além de para dentro, ela se projeta em direção ao ambiente exterior, que determina em grande parte os seus conteúdos. Nem em seu campo de ação mais restrito é apenas receptiva. Nesse sentido, mais que interpretá-lo, a consciência interroga o mundo. As funções integrativas seguem suas leis gerais, sua marca individual, conforme a própria situação global. Até mesmo quando há igualdade objetiva (ou quase) de condições ambientais, as imagens do mundo são consideravelmente

---

6. Brian Butterworth, *The mathematical brain*, Londres: Macmillan, 1999.
7. Francisco Varela, "Neurophenomenology: a methodological remedy for the hard problem", *Journal of Consciousness Studies*, Exeter (Reino Unido), 3(4), pp. 330-350, 1996.

diferentes de espécie para espécie e diferem de indivíduo para indivíduo, mesmo dentro da mesma espécie[8]. A consciência, enfim, guarda em si simultaneamente conteúdos distintos, cada qual dotado de intencionalidade própria. Esclarecer os mecanismos biofísico-moleculares dos conteúdos representativos e as dinâmicas de unificação desta pluralidade interna é tarefa essencial de qualquer programa de pesquisa.

Um modelo plural da mente deveria admitir, em primeiro lugar, que a experiência consciente é o produto de um sistema neural central no qual as informações são representadas e depois levadas à consciência; em segundo lugar, que o cérebro elabora simultaneamente conteúdos distintos por meio de um processo criativo unitário. Neste modelo, a mente emergiria como epifenômeno da coativação de conteúdos programados por estruturas cerebrais distribuídas, depois integrados e elaborados em âmbitos separados, para que se tornem acessíveis à consciência mediante o chassi "imaterial" da temporalidade[9].

Por sorte, a época em que os fenômenos da mente eram considerados apenas objetivamente (na terceira pessoa) e, ao contrário, os relatos subjetivos (na primeira pessoa) eram cientificamente depreciados, está terminando. Em mais de um século de reflexões e descrições de grande rigor técnico e empírico, a fenomenologia nos iniciou em níveis explicativos fundamentais, colocando ordem entre os dados imediatos da consciência. A fenomenologia está na origem de qualquer ciência da mente. Com efeito, os fenômenos é que dão vida ao mundo do sujeito: um fluxo de imagens, sensações, impressões, sentimentos e pressentimentos. É a fenomenologia a nos conduzir da ciência objetiva (com sua insistência sobre a consciência em terceira pessoa) a um método que restitui plena titularidade às experiências subjetivas, sem abandonar a precisão e o rigor metodológicos. Claro, os novos métodos de neuroimagens permitem leituras dos fenômenos cerebrais até agora não imaginadas, mas outros caminhos parecem abrir-se à nossa frente. Os instrumentos metodológicos e conceituais das neurociências, embora refinados, ainda são largamente insuficientes para o estudo dos fenômenos da experiência e, em geral, da mente humana.

---

8. James Jerome Gibson, *The ecological approach to visual perception*, Boston: Houghton Mifflin, 1979.
9. Mauro Maldonato, *La mente plurale. Biologia, evoluzione, cultura*. Roma: Edizioni Universitarie Romane, 2006. Ed. bras.: *A mente plural. Biologia, evolução, cultura*, tradução de Roberta Barni, São Paulo: Unimarco Editora, 2006.

O encontro entre neurociências e fenomenologia representa uma das fronteiras mais promissoras da pesquisa atual. A neurofenomenologia[10] aponta uma solução para as diferentes lacunas explicativas filosóficas e científicas no estudo da mente, lançando uma ponte metodológica e epistemológica entre os relatórios fenomenológicos na "primeira pessoa" e as evidências na "terceira pessoa". Naturalmente uma hipótese de integração das diferentes dinâmicas da experiência dentro de sequências neurais de ampla escala requer não apenas precisos *settings* experimentais, mas também o pleno envolvimento do sujeito na identificação e na descrição das categorias da experiência. Nessas condições é possível esclarecer as propriedades da mente e suas relações com a atividade cerebral, definindo assim um modelo plausível de conexão entre o nível neurobiológico e a consciência subjetiva.

O que está em jogo é a identificação do ponto mais avançado no qual as descrições fenomênicas da experiência humana coexistem com as evidências produzidas pelas modernas neurociências cognitivas. Os relatos na "primeira pessoa", obtidos no plano fenomenológico, não representam apenas mera confirmação de dados de observação, mas sua necessária complementação. Sem descrições meticulosas da experiência interna, seria, de fato, fortemente duvidosa a possibilidade de interpretação dos dados de imagens cerebrais sobre muitos aspectos da cognição, das emoções, da atenção e outros mais. Devolver à unidade essas duas dimensões é um gesto teórico e empírico que delineia uma nova moldura conceitual para as ciências da mente.

O *Self* encarnado

Um modelo plural da mente nos coloca no caminho de uma relação fecunda entre fenomenologia e neurociências. Há tempo, a análise das consequências clínicas de lesões cerebrais e da ablação de algumas estruturas cerebrais mostrou como é possível, de um lado, perder a capacidade de interceptar visualmente o movimento e, ao mesmo tempo, manter intactas as outras funções da experiência visual; e como, de outro, é possível perder

---

10. Francisco Varela, "Neurophenomenology: a methodological remedy for the hard problem", op. cit.

a percepção das cores mantendo a experiência visual e de movimento[11]. O estudo desses *deficits* foi útil, não apenas para estabelecer o grau e o gênero de especialização funcional do cérebro, mas também para esclarecer de que maneira ele trabalha em grande escala, entre modalidades e domínios que refletem amplas e nítidas divisões anatômicas (elaboração visual primária no córtex occipital, elaboração auditiva no córtex temporal, elaboração planejadora e de memória no córtex frontal) e aspectos funcionais, que se refletem, ao contrário, em âmbitos anatômicos restritos. Essa integração estrutural e dinâmica torna o cérebro um sistema múltiplo, no qual a consciência se constitui não como faculdade unitária, mas como resultado da atividade de fenômenos emergentes diversificados que dão lugar à consciência consciente.

Esse modelo plural é uma alternativa crível à concepção unitária da mente. Até hoje, no entanto, não sabemos por que os processos físicos são acompanhados pela experiência mental. Por exemplo, não temos a menor ideia do que faz a experiência subjetiva da visão ser estritamente ligada aos processos do córtex visual. Seria oportuno, portanto, abandonar os entusiasmos fáceis. Por enquanto, a mente não pode ser deduzida a partir dos mecanismos físicos do cérebro. Talvez um dia, quando as opiniões dos físicos sobre a natureza da realidade mudarem, poderemos esclarecer novas e profundas conexões entre os processos do cérebro e a experiência. O atual vazio explicativo sobre o motivo de tais processos darem vida à experiência mental é relevante e, portanto, posições intransigentes parecem totalmente infundadas do ponto de vista da ciência.

Mas há outro aspecto em que a teoria unitária da mente se mostra vulnerável a objeções consistentes: a explicação do *Self*. Como se sabe, os partidários dessa teoria consideram que o cérebro constrói o *Self* com os mesmos instrumentos que originam a experiência consciente. Todavia, se considerarmos a extrema variabilidade dos fenômenos psicopatológicos de uma síndrome como a esquizofrenia, essa hipótese parece ainda mais implausível. A esquizofrenia, doença complexa e heterogênea – que se caracteriza por desordens da forma e do conteúdo do pensamento, distúrbios da percepção, desorganização comportamental, desordens afetivas e outras mais –,

---

11. Semir Zeki e Andreas Bartels, "Toward a theory of visual consciousness", *Consciousness and cognition* (Amsterdã, Londres e Nova York), 8(2), pp. 225-259, 1999.

desmente, por assim dizer, todo modelo indiferenciado do *Self*. As fortes assimetrias entre as esferas do pensamento, da afetividade e do comportamento parecem como o reflexo de uma decomposição da subjetividade que revela a originária multiplicidade do *Self*[12]. As mesmas posições da psicologia do Eu e a psicologia do *Self* no debate psicanalítico contemporâneo estão em nítida descontinuidade com a concepção de um *Self* unitário e contínuo, revelando assim plenamente o drama conceitual da unidade.

Na primeira metade do próximo século – afirma Vilayanur Ramachandran[13] –, a ciência vai enfrentar o maior dos desafios, procurando responder uma pergunta que durante milênios foi empastada por misticismo e metafísica: qual é a natureza do *Self*? Tendo nascido na Índia e tendo recebido uma educação hinduísta, aprendi que a ideia do *Self*, um Eu interior distinto do universo e empenhado na sublime análise do mundo exterior, era uma ilusão, um véu chamado Maya. A busca da iluminação, disseram-me, consistia em erguer o véu e compreender que na realidade éramos "uma coisa só com o cosmo". Paradoxalmente, depois de longos estudos de medicina ocidental e mais de quinze anos de pesquisa em pacientes neurológicos e portadores de ilusões ópticas, acabei por compreender que havia muita verdade naquela visão, que a ideia de um *Self* isolado e unitário que "habitava" o cérebro talvez fosse uma quimera. Tudo o que aprendi pelo estudo intensivo tanto dos indivíduos normais quanto dos pacientes com lesões em diversas áreas do encéfalo levou-me a um cenário inquietante, ou seja, a pensar que nós criamos nossa "realidade" com base em meros fragmentos de informação, que quando "vemos" é uma mera representação, confiável mas nem sempre apurada do real, e que somos totalmente inconscientes da grande maioria dos eventos em andamento no cérebro.

---

12. Gaetano Benedetti, "Das Symbol in der Psychopathologie und in der Psychotherapie der Schzophrenie", in G. Benedetti e U. Rauchfleisch, *Welt der Symbole*, Vanderhoeck: Gottingen, 1988.
13. Vilayanur Subramanian Ramachandran, *La donna che morì dal ridere e altre storie incredibili sui misteri della mente umana*, tradução de Laura Serra, Milão: Oscar Mondadori, 2003. Ed. bras.: *Fantasmas no cérebro: uma investigação dos mistérios da mente humana*, tradução de Antônio Machado, Rio de Janeiro: Record, 2002.

Claro, poderíamos contestar: mas, se a mente é plural, por que temos a sensação de sermos um sujeito único e integrado? E como emerge o *Self*? Uma resposta a essas perguntas exige uma escolha preliminar de significado, entre os muitos possíveis, da locução "um só sujeito", escolha que, por razões evidentes, não pode ser feita aqui. Talvez pudéssemos afirmar que o *Self* emerge quando as dimensões das experiências isoladas produzidas pela mente são suficientemente representativas, coerentes e coesas. Em circunstâncias ordinárias, percebemos um universo de objetos ordenados no espaço, organizados conforme regularidades e conteúdos, dentro de significativos esquemas espaçotemporais. A emergência do *Self* tem a ver com o mecanismo que rege e elabora a pluralidade dos conteúdos gerados pela experiência consciente. É esse mecanismo que unifica os níveis múltiplos da representação do *Self*, do qual depende nosso comportamento.

Um programa de pesquisa que encete o diálogo entre fenomenologia e neurobiologia – isto é, que tenha como fundamento a relação entre o cérebro e a constituição do *Self* – poderia abrir caminho para uma nova teoria geral da mente, reconsiderando-a como uma *unitas multiplex*[14] em lugar de entidade indiferenciada. Naturalmente, a ideia de uma mente que unifica não tem a ver com a unicidade das representações, mas com sua coesão representativa. É essa coesão que explica o emergir do *Self* das atividades representativas múltiplas do cérebro, unificadas no interior de um campo consciente. A representação do *Self* como *unitas multiplex* poderia ter importantes implicações para um estudo rigoroso da consciência, já que inscreve a unidade na subjetividade qualitativa, desfazendo, dessa maneira, imponentes nós teóricos e empíricos. Com efeito, se é verdade que nossos estados conscientes são constituídos por inúmeros fenômenos, é igualmente verdade que o eco de tal multiplicidade pode dar lugar à subjetividade consciente.

Quase tudo o que fazemos e pensamos é resultado de uma interação entre os conteúdos de nossa consciência consciente e os processos inconscientes. Somos o resultado de uma pluralidade de fatores, conscientes e inconscientes, distribuídos entre nossa mente biológica e o que chamamos de

---

14. Edgar Morin, *Il metodo 3. La conoscenza della conoscenza*, tradução de Alessandro Serra, Milão: Feltrinelli, 1989. Ed. bras.: *O método 3. O conhecimento do conhecimento*, 2ª ed., tradução de Juremir Machado da Silva, Porto Alegre: Sulina, 2002.

cultura. Desde os primeiros passos da evolução de nossa espécie, a interação entre a mente e os objetos a ela externos foi o caminho pelo qual o homem enfrentou o problema da sobrevivência. No confronto com a experiência, ela favoreceu a adaptação ao ambiente, contribuindo assim para uma função biológica essencial. O conjunto das heurísticas e das inferências não dedutivas, não formais e fortemente vinculadas à experiência, permitiu à mente dispor de uma lógica natural. É nessa moldura que se inscreve a lógica humana, que afinal é a interação mágica entre a lógica formal, os processos cognitivos e as emoções.

Tarefa necessária dos próximos anos é ultrapassar o falso dilema que contrapõe quem afirma ser a lógica o componente dominante dos processos cognitivos humanos (mas não as heurísticas, por sua natureza não algorítmica e geradora de *biases*) e quem, ao contrário, afirma serem as heurísticas as componentes dominantes dos processos cognitivos humanos (e não a lógica, pela natureza não computacional de nossos processos cognitivos).

A invenção do tempo:
simultaneidade e duração

Estragon: Tive um sonho.
Vladimir: Não conte!
Estragon: Sonhei que...
Vladimir: NÃO CONTE!
Vladimir: ... o tempo parou.
Pozzo: Não deve acreditar nisso, caro senhor, não deve acreditar.
Tudo o que quiser, mas isso não.
Pozzo: O que poderia fazer, é isso que eu digo,
para ajudá-los a passar o tempo?
Pozzo: ... mas onde raios larguei meu relógio?
... Não ouço nada! Veja. Eu acho que deveríamos ouvir o tique-taque.
Vladimir: Silêncio!
Estragon: Estou escutando alguma coisa.
Pozzo: De que lado?
Vladimir: É o coração.
Pozzo: Raios!
Estragon: Todos nascemos loucos. Alguns ficam assim.
Pozzo: Vocês querem parar com suas histórias de tempo? É grotesco! Quanto! Quando!
Um dia, para vocês não basta, um dia como todos os outros, ele ficou mudo, um dia eu
fiquei cego, um dia ficaremos surdos, um dia nascemos, um dia morreremos, o mesmo dia,
o mesmo instante, não lhes basta?
Parem a cavalo de um túmulo, o dia resplandece
um instante, e imediatamente é noite.
Samuel Beckett

Todo momento meu
eu o vivi outra vez
numa época fecunda
fora de mim.
Giuseppe Ungaretti

Desde a mais remota Antiguidade a questão do tempo encerra em si os questionamentos fundamentais do homem. O mistério da origem da vida, o ritmo das estações ou o suceder-se das gerações humanas diz respeito a todos, precisamente como o retorno, fatual ou simbólico que seja, ao ponto em que tudo teve início: uma planta que brota, floresce e morre; outra que ressuscita, rejuvenesce e retorna à sua semente originária; um homem que nasce, cresce, envelhece e que, em seguida, com a memória torna a percorrer de trás para a frente o caminho de sua vida, regredindo de adulto a adolescente e enfim a criança.

Para os gregos, o tempo era o espelho da época: Urano, Cronos e Zeus simbolizam os três ciclos do conhecimento do espaço-tempo. O mito narra que Cronos, filho de Urano e de Gaia, para conquistar o poder, castrou o pai para que não gerasse mais filhos e, não satisfeito com as próprias crueldades, eliminou os próprios filhos tidos com a irmã Reia. Somente Zeus, levado a salvo um instante antes do holocausto, sobreviveu à estirpe. Zeus representa a segunda geração do poder sobre o tempo e sobre o espaço, no céu e na terra, na era do ferro que se seguiu. Lutou também contra o pai Cronos. Após uma luta feroz, conseguiu exilá-lo em cantos remotos do céu, para que sua "gestão" do mundo não pudesse ser danosa para mais ninguém. A antiga ordem da era do ouro foi definitivamente superada quando Prometeu furtou uma centelha de fogo (até aquele momento privilégio absoluto dos deuses) da oficina de Vulcão para doá-la aos homens, para que eles, mediante a arte da fusão do metal, pudessem plasmar o ferro em aço para as guerras e para a vida agreste. A tremenda punição de Zeus não se fez esperar: Prometeu foi acorrentado a uma rocha do Cáucaso, e todo dia uma águia descia até ali e lhe devorava o fígado, que toda vez se reproduzia, renovando sua terrível pena.

Apesar das tentativas de restauração da ordem precedente, a sociedade dos homens já tinha dado grandes passos à frente. Tinha se tornado produtiva, e os antigos critérios de domínio sobre o espaço e o tempo, no céu e na terra, estavam definitivamente mudados. Esse novo ciclo de transformação social foi representado por Zeus. Com seu governo do mundo, o uso do poder do fogo passou a fazer parte, para todos os efeitos, do desenvolvimento da sociedade dos homens.

O mito mostra que o tempo é a chave mais antiga, o vértice do qual conhecemos tudo: a terra, o homem, o universo e muito mais. Todos nascemos no passado e todos morreremos no futuro. Só na literatura as coisas têm um andamento diferente. Em *A seta do tempo*, um intrigante romance de Martin Amis[1], o natural desdobramento da vida de uma pessoa é invertido: a direção do tempo vai do futuro rumo ao passado. Todos nós, porém, a cada instante da vida percebemos a sensação de nos mover para a frente: de um passado desconhecido rumo a um futuro desconhecido. Sobre o passado não podemos agir. Seja lá o que for que tenha sido, já não podemos fazer nada. Conhecemos o passado por meio de uma foto amarelada, da incerta caligrafia dos tempos da escola; das gotas de memória de nossa mente e de sua consistência não duvidamos. O futuro, ao contrário, nos parece aberto, indeterminado, repleto de possibilidades. Poderia ser uma coisa ou outra. Que sejam as leis físicas, as nossas decisões, a Fortuna ou Deus a decidir as sortes, sobre ele não temos nenhuma influência.

Na maioria das vezes, a ciência tem negligenciado questões cruciais como a experiência do tempo. Dilemas antigos, como a percepção duradoura dos objetos no tempo, a unificação temporal dos eventos, a experiência da mudança e, no sentido oposto, a continuidade do tempo, ainda permanecem sem resposta. A vicissitude intelectual do Ocidente, por inteiro, não deu nenhuma explicação para a experiência do tempo. Salvo algumas exceções, prevaleceu um recalque sistemático desse problema desconcertante. Após as inigualáveis reflexões de Santo Agostinho, quem tentou dar uma resposta ao enigma da experiência do tempo foi Edmund Husserl. Para o filósofo alemão, tempo é a vivência que se renova a cada instante, não um conjunto numerável de atos psíquicos. Husserl desnuda as dificuldades da ciência em indicar soluções quantitativas para o problema do tempo. Do tempo ele interroga o movimento inicial, suspendendo toda determinação natural e empírica[2]. O tempo, conclui, não é uma composição, mas a irrupção de alguma coisa. A própria consciência se constitui não como uma unidade ligada a outras unidades, mas como uma unidade fluxo em si mesma (como não apreender aqui o eco da bergsoniana "duração"?). Nesse sentido, nossas experiências não são trânsitos entre momentos diferentes, mas

---

1. Martin Amis, *A seta do tempo*, tradução de Roberto Grey, Rio de Janeiro: Rocco, 1996.
2. Edmund Husserl, *Idee per una fenomenologia pura e per una filosofia fenomenologica: introduzione generale alla fenomenologia pura*, tradução de Enrico Filippini, Turim: Einaudi, 1965. Ed. bras.: *Ideias para uma fenomenologia pura e para uma filosofia fenomenológica: introdução geral à fenomenologia pura*, tradução de Márcio Suzuki, Aparecida (São Paulo): Ideias & Letras, 2006.

efeitos de eco da sensação de viver uma continuidade. Essa sequência de momentos isolados – desprovida de descontinuidade e que restitui a impressão de um fluxo – se origina na consciência.

Na realidade, que a consciência esteja exposta a uma transformação incessante já fora intuição de William James, que formulou a famosa e brilhante expressão *"stream of consciousness"*[3]. A consciência do tempo é a consciência de um tempo e de um ritmo extremamente mutável: com efeito, existem vivências do tempo cronologicamente simétricas e outras fortemente assimétricas. Um fluxo de consciência tem um ritmo natural próprio (vivacidade, cansaço, vigília, sono), graus variáveis de clareza, anomalias e formas próprias e específicas (alucinações). Ao contrário de sua correlata neurobiológica, no plano intencional a consciência é totalmente desvinculada do "tempo cronológico". A consciência de alguma coisa – aquela sensação inefável que percebemos como unitária e que distingue cada experiência temporal – diz respeito a experiências quer individuais, quer gerais, numa perfeita dinâmica circular. Trata-se de um conjunto unitário de fenômenos e processos não lineares, que participam de um sistema dinâmico de múltiplos níveis, que envolve as complexas interações entre cérebro, corpo e ambiente, incluídos aí os atos cognitivos e conscientes.

Recentemente os estudiosos começaram a olhar com atenção essa codeterminação e suas múltiplas implicações. Segundo o neurologista português António Damásio, a temporalidade da consciência tem a ver com o papel das emoções. Rompendo com uma tradição de pensamento que quer a mente distinta do corpo, afirmou que "a consciência nasce como um sentimento", sustentando sobretudo a existência de uma forte coimplicação entre consciência e emoções, de um vínculo indissolúvel da consciência com o sentimento do corpo. Em seu esquema, a consciência constitui um dispositivo biológico hierárquico de adaptação ao ambiente[4]. Naturalmente, se não há dúvida de que na base da consciência há um tipo de sincronização qualquer entre diferentes regiões do cérebro, ainda permanece desprovida de solução a questão da passagem do neurônio à consciência. Varela insistiu longamente quanto à necessidade de conside-

3. William James, *The principles of psychology*, Londres: Macmillan, 1890.
4. António Damásio, *The feeling of what happens: body, emotion and the making of consciousness*, Londres: Vintage, 2000. Ed. bras.: *O mistério da consciência*, tradução de Laura Teixeira Motta, revisão técnica de Luiz Henrique Martins Castro, São Paulo: Companhia das Letras, 2000.

rar a consciência como um fenômeno emergente, no qual eventos locais dão origem a propriedades ou objetos globais numa casualidade recíproca (eventos totalmente incompatíveis com a representação do tempo linear herdado da física clássica).

Ora, se é verdade que o fenômeno da consciência é determinado pela atividade integrada e altamente diferenciada do cérebro, a consciência é bem mais que isso. Embora sem nunca abandoná-los, ela excede os limites do corpo, para se constituir como vivência individual, em relação a situações sociais e culturais contingentes. Se estendermos a brilhante provocação de Varela "a consciência não está na cabeça", poderíamos dizer que a mente não está na cabeça, mas no corpo todo ou, melhor, que os estados afetivo-temporais emergem de uma recíproca codeterminação e coimplicação entre mente e corpo. Difícil aqui não pensar na reflexão de Von Weizsäecker[5], segundo a qual o tempo é um fenômeno conjuntamente semântico e pático: tempo vivido, não medida da mudança; temporalidade encarnada, corporeidade vivida, não medidor aritmético[6].

Como fica evidente, a relação entre consciência e temporalidade é de extrema complexidade. Não pode ser descrita segundo a fórmula redutiva *anima utens corpore*, nem segundo a fórmula antropológica, segundo a qual "o homem é seu corpo". A consciência, de fato, é muito mais que seu corpo: corpo que ela transcende o tempo todo. Esse transcender não implica algum dualismo entre mente e corpo, mas uma intensa experiência unitária, que nenhuma decisão ou ato de nossa experiência pode fazer falhar.

A consciência do tempo é orientada para o exterior, seus conteúdos são determinados pelo exterior, e isso confirma sua autonomia. Seja qual for seu conteúdo, ele entra numa determinada disposição, em um determinado estado de humor, em certa constelação de tendências, em certo grau de clareza e vigilância, sempre correlato a eventos exteriores. A consciência nunca é apenas receptiva. Nem no campo perceptivo mais restrito. As funções seguem suas leis gerais, sua marca individual, seu destino individual, conforme a própria situação global, já sempre pressuposta, embora dada a cada vez. Também as imagens do mundo – até mesmo de ambiente inalte-

---

5. Viktor Freiherr von Weizsäecker, *Der kranke Mensch*, Stuttgart: Koehler, 1951.
6. Maurice Merleau-Ponty, *Il corpo vissuto: l'ambiguità dell'esistenza, la riscoperta della vita percettiva, la "carne del mondo", dalle prime opere a "L'occhio e lo spirito"* ["L'œil et l'esprit", 1960], organização de F. Fergnani, Milão: Il Saggiatore, 1979.

rado – são consideravelmente diferentes de espécie para espécie, e também diferem, dentro da mesma espécie, de indivíduo para indivíduo[7].

O EIXO ESPAÇO-TEMPO E O ENIGMA DA DURAÇÃO

A física narra uma história diferente do tempo. Suas equações, simétricas ao tempo, podem ser usadas indistintamente numa direção ou noutra. Para os físicos, passado e futuro estão em um plano de perfeita paridade. Não é assim no que tange à nossa experiência diária. Para mim, por exemplo, não existe a hora: existe apenas esta hora. Não há o agora: há este agora. O que cada qual sabe do tempo – a espera de uma volta que não acontecerá; a espera de um amor que um dia ou outro terá de chegar; a espera do fim sem remédio de uma pessoa querida; a espera do nascimento de um filho; a espera de uma sala de espera; a espera do náufrago à deriva; a espera de quem está preso sob os escombros após um terremoto e tantas outras – é rubricado pela física como "espaço simultâneo" do observador no espaço-tempo, o qual depende do movimento do observador.

Essa ideia do tempo parece, no entanto, bastante problemática. Se alguma coisa está definida, tem de ser definido todo o espaço-tempo. Não pode haver um futuro incerto. Nem o escorrer do tempo: somente uma relação mecânica espaço-tempo. Penrose[8] apreendeu em cheio as assimetrias entre nossa percepção do fluxo do tempo e as teorias da física sobre o mundo. Seja qual for o sistema físico em que nos encontramos, há de haver um elemento assimétrico que nos faz distinguir entre passado e futuro. As equações da física, ao contrário, não fazem nenhuma distinção entre futuro e passado. Noutros termos, se a ideia do "presente" se concilia tão pouco com a relatividade, que leis físicas vão se conciliar com nossa percepção do tempo? Nosso sentimento do tempo é totalmente estranho às equações da física.

---

7. James Jerome Gibson, *The senses considered as perceptual systems*, Boston: Houghton Mifflin, 1966.
8. Roger Penrose, *The emperor's new mind: concerning computers, mind, and the laws in physics*, Londres: Vintage, 1990. Ed. bras.: *A mente nova do rei: computadores, mentes e as leis da física*, tradução de Waltensir Dutra, Rio de Janeiro: Campus, 1993.

No *Ensaio sobre os dados imediatos da consciência*[9], Bergson delineia uma experiência do tempo – qualitativa, dinâmica, descontínua, assimétrica – bem diferente daquela física: um tempo qualitativo, oposto ao tempo instantâneo, que ele define como *duração*. Segundo o filósofo francês, a explicação que os físicos dão do tempo é totalmente enganosa. O tempo simbólico das equações matemáticas não corresponde ao tempo real: é apenas uma abstração, uma mera sucessão de momentos colocados um ao lado do outro, como uma série de segmentos separados, totalmente idênticos e indiferentes aos fatos neles contidos. Tudo isso contrasta com nossa experiência consciente, para a qual o tempo é duração, transformação, fluxo, corrente contínua e ininterrupta.

Bergson procura nos dados imediatos da consciência (sensações e percepções que se interpenetram sem pausa um no outro) a chave de acesso à experiência do tempo. Trata-se de fenômenos colocados não um ao lado do outro ou um fora do outro, como em um fio de pérolas, mas em um movimento sucessivo, rápido a ponto de tornar as mudanças imperceptíveis. Ao contrário, com suas divisões e distinções abstratas, a física não pode aceitar a ideia de que o tempo interior seja constituído por momentos de duração e intensidade desiguais. Para medir o tempo, ela tem de espacializá-lo, exteriorizá-lo, adotando símbolos ou metáforas como o movimento dos ponteiros no quadrante do relógio. Mas o tempo do relógio é um tempo espacializado e sua duração não é assimilável ao tempo vivenciado. O tempo vivido é duração concreta, experiência de "nosso Eu que dura". O Eu é um desdobrar-se de estados de consciência, de pensamentos e emoções que se sucedem de maneira incessante e vital, mantendo a memória do que acaba de passar e do já passado. Para adotar a bela imagem de Bergson, o Eu aparece como o "desenrolar-se e enrolar-se de um fio num novelo, dado que nosso passado nos segue e vai engrossando sem descanso com o presente que vai recolhendo ao longo do caminho"[10]. Assim manifesta sua "liberdade", embora essa não seja incondicionada e

---

9. Henry Bergson, *Saggio sui dati immediati della coscienza*, tradução de G. Bartoli, Turim: Boringhieri, 1964. Ed. port.: *Ensaio sobre os dados imediatos da consciência*, tradução de João da Silva Gama. Lisboa: Edições 70, 1988.
10. Henry Bergson, *L'evoluzione creatrice: estratti*, tradução, introdução e nota de Oddino Montiani, Roma: Signorelli, 1958. Ed. port.: *A evolução criadora*, tradução de Pedro Elói Duarte, Lisboa: Edições 70, 2001.

expresse sua espontaneidade evolutiva sempre em relação aos vínculos e às determinações biológicas.

Para explorar a interioridade é preciso partir de seu princípio-chave: a evolução. Não é irracionalismo afirmar que na origem da evolução há um princípio de multiplicidade, de variabilidade e diversidade das várias formas de vida; um princípio que nos faz ultrapassar a pura matéria, em um processo ascensional que segue em diferentes direções. Não se trata apenas de um contraponto ao finalismo mecanicista dos neoevolucionistas. Esse poder criador torna possíveis novas formas de vida, mas explica também os saltos que se manifestam ao longo da evolução. Tanto em sua forma instintiva (irreflexiva) quanto em sua forma inteligente (reflexiva e decisória), a vida é apenas uma expressão diferente do mesmo princípio vital. A pura racionalidade, no entanto, é incapaz de apreender a vida como tal e, portanto, a atividade criadora do princípio vital supera o intelecto. A distinção entre matéria e vida nada mais é do que a distinção da consciência em intelecto e intuição. Somente a intuição de nossa liberdade e de nossa atividade criadora nos coloca no caminho da compreensão da natureza. Esse impulso da vida para a frente, esse devir incessante, demonstra que o universo não é fechado em si mesmo. Por isso a metafísica tradicional e o evolucionismo radical não podem acessar o significado do tempo como duração e como princípio criador da vida: isso só pode ser compreendido como aspiração infinita, como pura liberdade, como encontro com Deus.

Uma nova aliança

Dia 6 de abril de 1922 é uma data de grande interesse para a história do pensamento científico e filosófico. Nas austeras salas da Sociedade de Filosofia de Paris, Henri Bergson e Albert Einstein se confrontam sobre o tema do tempo vivido e do tempo real. Ao longo da discussão, o cientista ataca duramente o filósofo, tachando-o de incompetente: não existe experiência vivida, adverte, que possa suportar a verificação das ciências experimentais. Em certo sentido, Einstein tinha razão: o filósofo francês não tinha entendido muito da teoria da relatividade. Mas ele tampouco tinha entendido o verdadeiro problema de Bergson. Foi um diálogo entre surdos. Os dois eminentes estudiosos falavam de coisas diferentes, de tempos diferentes:

Bergson, do tempo irreversível da vida humana; Einstein, do tempo reversível da mecânica. Para o cientista a divisão entre passado, presente e futuro é apenas uma ilusão obstinada.

Sua recusa da ideia do escorrer do tempo tornou mais aguda a separação entre cientistas e filósofos. Contudo, houve estudiosos – pensemos no filósofo Alfred North Whitehead ou no cientista Ilya Prigogine (mas outros poderiam vir em nosso socorro) – que no século xx propugnaram uma nova aliança entre filosofia e ciências físicas para encerrar, de uma vez por todas, o velho conflito entre ciência dos fundamentos e ciência do epifenômeno. No âmbito da pesquisa, ninguém pode reivindicar primazias ou soberanias. Os cientistas são parte da cultura para a qual contribuem com a própria obra, e portanto é ilusório acreditar em um princípio único de inteligibilidade do real, porque o devir irrompe precisamente onde esse sonho se desenvolve grandiosamente: na simetria das relações entre a matéria e o espaço-tempo. Ademais, sem o sentido do mistério a ciência se torna inevitavelmente estéril. Nosso universo físico é o gigantesco efeito de um rompimento de simetria entre o espaço-tempo de um lado e a matéria de outro. Ele nasce da mais radical irreversibilidade: a dilaceração da uniformidade espaço-tempo que gera concomitantemente a matéria e a entropia[11].

Prigogine apreende em profundidade a importância e a fecundidade do pensamento de Bergson. Precisamente ele, a quem a ciência oficial tributara o máximo reconhecimento com o Prêmio Nobel de Física, afirma com dureza:

> Ao contrário de muitos filósofos diante da ciência, Bergson não se interessava por problemas abstratos, como a validade das leis científicas, as últimas fronteiras do conhecimento [...] mas daquilo que a ciência nos diz do mundo que ela pretende compreender. E seu veredicto anuncia o fim desta pretensão. Ele mostra que a ciência foi fecunda toda vez que conseguiu negar o tempo, a se dar objetos que permitem afirmar um tempo repetitivo, reduzir o porvir à produção do mesmo por parte do mesmo. Mas, assim que abandona

---

11. Ilya Prigogine e Isabelle Stengers, *Tra il tempo e l'eternità*, tradução de Carlo Tatasciore, Turim: Bollati Boringhieri, 1989. Ed. bras.: *Entre o tempo e a eternidade*, tradução de Roberto Leal Ferreira, São Paulo: Companhia das Letras, 1992.

seus temas preferidos, quando procura reconduzir ao mesmo tipo de conhecimento o que na natureza expressa a potência inventiva do tempo, nada mais é do que a caricatura de si mesma.

Nossa relação com a natureza é mediada pela duração, não pelos conceitos (e pelos objetos) estabelecidos pela ciência. O tempo vivido não é o sinal de nosso conflito com o mundo objetivo, mas de nossa íntima solidariedade com o mundo. Ao ensinar a limitação do mundo, os físicos erram. O homem tem o direito de se espantar diante do milagre da vida e da criação. Ao esgotar o pensamento numa atividade de esclarecimento ilimitado, como a ciência faz, a verdade só sai desvalorizada.

Entre os limites do pensamento há um intransponível: um limite interno, um recurso secreto, um horizonte móvel que nunca pode ser integralmente absorvido pelo pensamento, mas do qual este procura o tempo todo aproximar-se. Essa aproximação implica desbordamentos que não anulam a diferença, mas essa tensão – essa luta entre o pensamento e o desejo de autossuperação – é ineliminável. A violação dessa fronteira é uma constante do pensamento como viagem.

Na ciência não existe, nem nunca existirá, uma hierarquia de ideias imutáveis. Sua força reside na pluralidade dos pontos de vista. Afortunadamente, a física que se desenvolveu no início do século está corrigindo os velhos paradigmas positivistas, dando vida, com certo custo, a uma nova concepção de universo: não mais como um mecanismo de relojoaria, cuja temporalidade é rigidamente determinada pelas condições iniciais, mas como um sistema de múltiplos níveis explicativos, cada um dos quais evolui junto com os outros, sem nenhum ponto de vista privilegiado.

Das cinzas dos velhos paradigmas está emergindo um conceito de evolução fundamentado em um indeterminismo quântico que garante contínuos elementos de novidade, nos quais microcosmos e macrocosmo interagem realizando configurações sempre novas e imprevisíveis. Aqui não há causas simples e efeitos isolados, coisas distintas e eventos independentes, mas fatos e valores, causas e efeitos que se interpenetram no horizonte da vida. Essa dança sagrada entre o organismo e o âmbito que o cerca transforma os seres vivos em elementos dentro de uma vasta rede de relações que abarca não só outros seres vivos, mas também o resto do universo.

O cérebro humano não é uma entidade isolada encerrada no crânio, mas uma estrutura intimamente conectada com seu ambiente e a realidade em seu conjunto. As próprias experiências humanas não são fugidias, ligadas a um único indivíduo, mas são acessíveis a quem quer que produza estados de consciência similares. Não mais como se houvesse uma alma separável do cérebro, mas um cérebro inseparável do resto do universo. O universo da vida e a vida do universo estão projetados no futuro. Se assim não fosse, o *Homo sapiens* não seria a forma de vida mais avançada no cosmo, porque cada espécie é substituída por outra que codifica mais informações e, portanto, podemos esperar que nossa espécie, mais cedo ou mais tarde, seja substituída por outra.

Em seu multiforme confronto pela solução de antigos conflitos, a ciência, a filosofia, a teologia são guias preciosos. É necessário, todavia, que também a arte, a literatura, a poesia e a música nos lembrem sempre que vivemos em um universo simbólico, no qual a metáfora e o mito assumem muitas vezes um papel fundamental no desenvolvimento de nossas convicções sobre o que realmente conta na vida. Sentimos as mesmas emoções observando as maravilhosas arquiteturas de uma molécula nascente ou ouvindo Beethoven. Essas emoções são ecos na neblina que ligam coisas que desde sempre vivem em nós, mas que nunca tínhamos relacionado. Nessa profunda e instintiva união com a corrente da vida reside a mais profunda das alegrias. O fato de o universo ser criativo e de que suas leis permitiram o aparecimento e o desenvolvimento de estruturas complexas até o nível do maravilhoso algoritmo que é a consciência – ou seja, o fato de que o universo organizou a própria autoconsciência – é uma prova considerável de que alguma coisa nos transcende.

A ARTE INTEMPORAL

A inadequação do tempo a uma dimensão é perfeitamente testemunhada em Wassily Kandinsky (1866-1944) assim como em Paul Klee (1879--1940). Ambos sentiram a exigência de expressar as próprias emoções indo além do perspectivismo para chegar a uma pintura de estampa expressionista. Kandinsky, especialmente, foi fascinado pela relação entre a composição musical e a pictórica. Em sua representação da realidade – na qual som e tempo correspondem a ondas bidimensionais no espaço e no tempo –, a composição pictórica se afastou totalmente de uma percepção visual perspéctica. Na realidade, já Picasso, sobretudo no período cubista de sua obra, contribuiu para desconstruir as regras de representação perspéctica da pintura acadêmica. Na verdade, antes dele Gaugin e Cézanne haviam se afastado das rígidas leis da construção perspéctica, alterando a unicidade do ponto de vista, até então princípio básico do perspectivismo. Mas Picasso foi além. Modificou a lógica perspéctica da percepção e – por meio de uma multiplicidade de pontos de vista espaciais, gerados como projeções bidimensionais dos objetos – restituiu evidência à força expressiva de uma interioridade que haure diretamente de uma profunda energia emotiva. Ele anulou, dessa forma, todo resíduo conceitual cartesiano, projetando no quadro não mais a representação perspéctica da realidade exterior, mas a realidade interiorizada. Ele sempre negou, resolutamente, que sua arte fosse abstrata, afirmando, ao contrário, sua forte (ainda que diferente) relação com a realidade.

Mas por que essa insatisfação em relação à perspectiva? Talvez porque a imagem perspéctica pode fixar na tela apenas um instante da percepção, como uma fotografia fixa o tempo em um preciso instante de vida (e aqui seria interessante nos perguntarmos por que sentimos mal-estar ao observar nossa vida congelada num fotograma). Ao contrário do perspectivismo, o expressionismo e o cubismo pictórico propugnam uma pluralidade de pontos de vista na expressão artística de sensações e percepções. Salvador Dalí, particularmente, introduziu em seus quadros a bidimensionalidade do tempo, um tempo imbuído de duração. Seus relógios liquefeitos produzem horas dilaceradas, descosturadas, dilatadas, de falsos instantes sem mais nenhuma sucessão linear. A representação unívoca e inalterável do espaço-tempo deixa lugar à arte intemporal.

O TEMPO SENSÍVEL AO CORAÇÃO

A intemporalidade da arte tem seu lugar de eleição na grandiosa obra de Proust. Ao se despedir de uma efervescente vida mundana, Marcel foi levado por sua consciência em direção a si mesmo, em direção a um arquipélago de memórias que fizeram de seu espírito um extraordinário teatro de experimentação. A temporalidade foi a bússola para uma grande viagem na memória. Foi extremamente hábil em formar e plasmar, mas isso não tem a menor importância. Ele derreteu memória e forma dentro de sutis e inexplicáveis arquiteturas, dando lugar a uma nova forma de vida. Eis por que em seus intermináveis volumes (intermináveis porque sem tempo) parece não haver eventos ou personagens, mas apenas uma matéria psíquica – memória, justamente – que se desdobra em um perfeito estilo atemporal.

Proust fornece uma interpretação original da *weltanschauung* romântica: não existe o mundo, mas somente sua lembrança. O mundo e as coisas são tão mais vãos quanto mais tangíveis, quanto mais presentes na corpulenta realidade. Que se chame "mundo" ou "alta sociedade" não muda nada: o aspecto mais frívolo e vazio daquela realidade já tem um valor simbólico próprio e preciso. Viver até o fim esse símbolo pode redimir, preparar para um novo crescimento. A dimensão temporal ordinária é subvertida numa outra, extratemporal. Mediante a lembrança – que nunca é uma simples rememoração – o homem cria, faz ser o que não era, restitui significado ao que é insignificante.

No último volume da *Recherche* [*Em busca do tempo perdido*], *O tempo redescoberto*[12], o narrador encontra seu destino no caminho que tinha tomado para evitá-lo. Tropeçando na pavimentação desconjuntada do pátio do Palácio dos Príncipes de Guermantes, é tomado por uma repentina, estática epifania extratemporal. Quando tudo parecia perdido, diante dele se abre um novo caminho. Assim, sem nem ter tomado tal decisão, ele se sente repentinamente pronto a realizar aquela obra de arte para a qual acreditava não possuir nenhum dom. Foi invadido por uma irracional felicidade. A mesma felicidade que sentira poucas outras vezes na vida, como daquela vez em Veneza quando, apoiando o pé sobre duas lajes desiguais do batistério de São Marco, apareceu-lhe a luz da praça e Veneza inteira.

Mas por que essas imagens restituem ao Narrador uma alegria e uma força tão intensas a ponto de torná-lo indiferente até à ideia da morte? Que enigma sutil se oculta por trás disso? Sua felicidade, no mesmo instante – um instante liberto da ordem cronológica do tempo, da necessidade do tempo –, transfigura quem o experiencia em um ser extratemporal. Esses fragmentos de existência furtados do tempo são a única felicidade que o homem pode provar.

12. Marcel Proust, *O tempo redescoberto*, tradução de Lúcia Miguel Pereira, São Paulo: Globo, 2004.

Porém, por mais sublime que seja, essa criação é fugaz. Apenas a arte nos coloca em condição de procrastinar o tempo, pondo-nos no caminho dos signos de um livro desconhecido: o único livro autêntico. A obra de arte preexiste a nós. Um grande escritor não "inventa" um livro: o "traduz" apenas, porque já existe nele. Assim, se para o narrador a descoberta da "ruinosidade" do tempo é motivo de angústia inicial, agora se torna um lugar de verdade, o mesmo lugar no qual todo artista procura deter as raras e preciosas impressões fora do tempo.

Tempo da diferença e diferença do tempo

Há um lugar teórico ineluctável para quem interroga o tempo: o pensamento da diferença e do tempo de Vladimir Jankélévitch[13]. Mediante a verdade das aparências e a coragem da superfície (uma superfície que fala em lugar da profundidade), o pensador judeu-francês ouviu o tempo e o eterno, o dia e a noite, captando na música a voz do Inefável.

O espaço e o tempo – anota Jankélévitch – são assimétricos entre si, assim como o são, dentro do próprio tempo, o passado e o futuro: esse caráter absolutamente desalinhado da temporalidade musical faz, portanto, de toda filosofia arquitetônica, edificada sobre ela, um castelo de nuvens e ilusões. A "metafísica da música", como a magia, perde de vista a função das metáforas e a relatividade simbólica dos símbolos. A Sonata é como um compêndio da aventura humana, que se sobressai entre o nascimento e a morte – mas não é essa mesma aventura. O *allegro* majestoso e o *adagio*, cuja psicologia metafísica Schopenhauer tenta escrever, são como uma estilização dos dois "tempos" do tempo vivido – mas não são esse mesmo tempo. A Sonata, a Sinfonia, o Quarteto de Cordas, por sua vez, são como um resumo em trinta minutos do destino metafísico e numênico do Querer – mas esses tampouco são esse destino!

---

13. Vladimir Jankélévitch, *La musique et l'ineffable*, Paris: Seuil, 1983. Ed. it.: *La musica e l'ineffabile*, tradução de Enrica Lisciani-Petrini, Nápoles: Tempi Moderni, 1985.

Os objetos da doce melancolia musical são o evento fugidio e irreversível, a qualidade evanescente, a ausência, circunstâncias há tempo passadas e que nunca mais serão. A música é essa temporalidade encantada, essa nostalgia idealizada, serenada, purificada de todo desassossego. Mesmo sendo inteiramente temporal, ela é, num só tempo, um protesto contra o irreversível e, graças à lembrança, uma vitória sobre o irreversível. Ao expressar "o esforço do poeta para reter o voo das horas e a fuga dos dias" a música representa uma estilização do tempo: um tempo que suspende os tumultos do mundo. O tempo estilizado é uma interrupção não só temporal, mas também temporária da duração sem estilo. A música invade a vida, subverte-a. Não pode serená-la, porque então seria apenas um momentâneo e superficial *divertissement*. A música não tem que acalmar, sedar, mas gerar catarse na passagem da opressão à liberdade, da guerra à paz, da preocupação à inocência. Ela não tem a tarefa de tornar o homem por alguns instantes amigo de si mesmo, mas de reconciliá-lo com a natureza.

> A música, portanto, como o Deus dos cânticos da natureza, não responde de maneira direta a nossas perguntas: são os oráculos pagãos que dão respostas, quando vamos consultá-los no lugar. [...] Deus, ao contrário, permanece silencioso: ele prefere responder mediante os arpejos dos rouxinóis, os gritos agudos das andorinhas e o murmúrio profético das folhagens. A noite sussurra um segredo àqueles que ouvem o silêncio noturno para perceber a música inaudível das esferas, as harmonias invisíveis [...] Claro, se trata de vozes distantes e inúmeras, de respostas confusas. Mas é desse modo ambíguo que a música responde. A música, como os rouxinóis de Deus, responde com os fatos e fazendo: a nós cabe saber compreender a cativante mensagem. (Jankélévitch, 1985)

Em Jankélévitch, como em Proust, o tempo e o espaço da música, da literatura, da pintura, se tornam rompimento do tempo real e irrupção do tempo da alma, epifania de um sentimento que acolhe em si centelhas de infinito.

As formas do tempo:
Chronos, Aión, Kairos

> *[...] Em sua mente afloravam praias marinhas, jardins,*
> *ruas, das quais já não sabia de que paisagem,*
> *de que cidade provinham; flutuavam à sua frente*
> *figuras, algumas muito claras, que no entanto só*
> *tinha encontrado por uma hora fugaz, outras, com*
> *as quais estivera diversos dias, parecendo-se com*
> *sombras fugazes.*
> Arthur Schnitzler

> *Antes de mim não havia tempo algum, depois de mim não virá nenhum,*
> *comigo o tempo nasce, comigo também perece.*
> D. von Czepko

> *O tempo é a substância de que sou feito.*
> *O tempo é um rio que me arrasta, mas eu sou o rio;*
> *é um tigre que me dilacera, mas eu sou o tigre;*
> *é um fogo que me devora, mas eu sou o fogo.*
> J. L. Borges

A pesquisa fenomenológica sobre o tempo abre sua temporada mais fecunda com as famosas *Lições para uma fenomenologia da consciência interna do tempo*, de Husserl[1]. Com essa pesquisa, o filósofo alemão torna clara toda a diferença radical entre a fenomenologia e a psicologia quanto à análise da questão do tempo: diferença teórico-cognitiva – e, portanto, epistemológica – que concerne à questão da origem do

---

1. Edmund Husserl, *On the phenomenology of the consciousness of internal time*, tradução de John Barnett Brough, Dordrecht (Países Baixos): Kluwer, 1991. Ed. port.: *Lições para uma fenomenologia da consciência interna do tempo*, tradução, introdução e notas de Pedro M. S. Alves. Lisboa: Imprensa Nacional, 1994.

tempo individual e das estruturas do conhecimento: aspectos, esses, que a psicologia, com sua abordagem empírico-cognitiva, considera de interesse marginal. Particularmente, Husserl polemiza duramente com todas aquelas concepções da experiência e do conhecimento que se fiam do mero registro de situações, fatos e coisas que acontecem no tempo, ordenando-as por sucessão temporal.

A fenomenologia, afirma Husserl, indaga as estruturas originárias do conhecimento e da experiência, independentemente das circunstâncias, dos eventos e dos fatos que as tornam possíveis, como se fossem estruturas *a priori*, necessárias, lógicas. Nesse sentido, a fenomenologia marca uma distância insuperável das lógicas empíricas. Estas, aliás, estão na paradoxal dificuldade de ter de explicar, além da origem das estruturas da experiência e do conhecimento, também em que ordem os fatos acontecem no tempo. O filósofo alemão vê por inteiro a dificuldade da psicologia empírica ao enfrentar a dificuldade do tempo. Dessa forma, tenta inverter a questão procurando apreender as nascentes da lógica, ao abrigo das circunstâncias do tempo, designando à fenomenologia a tarefa de investigar a origem de um ponto de vista lógico e, em suma, o tempo como conceito. A consciência do tempo é uma fenomenologia do conceito do tempo. O caminho de uma fenomenologia da consciência, segundo Husserl, é o de uma "consciência interna do tempo", de uma consciência intencionalmente voltada para o objeto transcendente, que designa a duração de um evento exterior. Em ambos os casos, a protagonista é a consciência, por sua tensão em direção a alguma coisa que a transcende. Mas essa consciência do tempo tem também uma intencionalidade interna, que alcança o ponto exato de seu originar-se e constituir-se. Aqui, toda determinação natural e empírica se anula, pois esse originar-se do tempo está carregado de empiria: uma origem que não é composição, mas irrupção de alguma coisa.

Mas como pode irromper o tempo como relação entre presente e passado, passado e futuro, presente e futuro? O conceito do tempo só pode ser um conceito de relação: de outro modo, seria inapreensível. É preciso então entrar nessa relação, mediante a qual alguma coisa irrompe, sem a qual tudo é impensável. Nesse sentido, a questão da origem do tempo diz respeito a alguma coisa que não é um ato. O ato, com efeito, é um procedimento e, como tal, se dá no tempo. Mas ato também é realização do que está além do real, daquilo que vive numa dimensão ideal.

Para esclarecer este problema, Husserl retorna mais de uma vez ao tema da retenção. Ele, de fato, adianta algumas questões cruciais: como apreender o nascimento do tempo como dimensão puramente ideal e, portanto, sem medida nenhuma? Como podemos surpreender essa irrupção, se o tempo é relação? Se fosse pura idealidade, para a consciência não poderíamos adotar distinções temporais. Como pode, então, a consciência sustentar as distinções temporais? Em última análise, como pode, sendo a consciência antes e fora do tempo, ter a ver com o tempo?

Se é verdade que a fenomenologia suspende toda circunstância empírica, é igualmente verdade que uma fenomenologia tem sentido se servir para compreender nossa experiência. Este é, afirma ele, o problema de fundo da fenomenologia. Para abandonar essa dificuldade, Husserl afirma que a consciência tem uma dimensão dupla: intencional e de retenção. A retenção permite que a consciência originária se torne vivida. Assim, de uma consciência que é inevitavelmente não real, uma idealidade que tem em si uma energia, ele chega a uma estrutura que lhe permite identificar o ponto do qual se desdobra a duração e a multiplicidade de suas relações. É deste modo que a consciência se afirma em sua autonomia ideal, manifestando aquela consistência na qual a experiência se fundamenta.

Em *Experience and judgment* [Experiência e julgamento][2] (§§ 25-36) Husserl retorna ao tema da retenção, introduzindo a categoria da *ur-impression*, uma impressão originária, concebível apenas no campo da consciência do Eu: um Eu real que se opõe ao irreal Eu kantiano. Embora não haja consciência que não seja empírica, a *ur-impression* nada tem de empírico, visto que é condição de todas as possíveis impressões, centelha intencional que encerra em si intenção e retenção.

Husserl considera impossível explicar a consciência a partir do inconsciente. São enganosas não só as concepções do tempo ancoradas na experiência diária, mas também as que recorrem ao inconsciente, dando a impressão de que o tempo seja uma continuação de elementos que o trabalho psicanalítico faria aflorar da profundidade da consciência. Husserl tenta alcançar um conceito não somatório do tempo, alguma coisa, enfim, que vá além da mais simples das idealidades e além de todas aquelas condições que tornam possíveis as experiências diárias do tempo.

---

2. Edmund Husserl, *Experience and judgment: investigations in a genealogy of logic*, tradução de J. S. Churchill e K. Ameriks, Londres: Routledge & Kegan Paul, 1973.

Essa consciência nascente do tempo coloca a questão se a *ur-impression* estaria aquém dos processos da temporalidade. De resto, que sentido poderia ter um conceito ideal de tempo no mundo da vida e da história? Heidegger questionou Husserl sobre essas questões em um texto de 1925, indicando a consciência como expressão do *Erlebnis*. Essa consciência – parte efetiva da unidade animal – é, como toda percepção imanente e transcendente, ao mesmo tempo consciência dessa natureza real (que é uma só coisa com a natureza de todo ser vivo) e abismo absoluto. Heidegger salienta este paradoxo da consciência que, de um lado, é fenômeno natural e concreto de todo efetivo ser vivo e, de outro, fenômeno radicalmente separado da realidade. A realidade não é assimilável à idealidade: aliás, é impensável em termos ideais.

Por trás da virada que Heidegger procura imprimir à fenomenologia husserliana, há esse problema teórico. Ao se distanciar daqueles filósofos que fingem que o real não seja real e colocam de fato um diafragma entre si e a realidade, Heidegger introduz a noção de *dasein*, o ser-aí do homem, na qual o *aí* não indica uma mera localização espacial, mas alguma coisa mais ambígua e complexa, isto é, a maneira em que o Ser se dá concretamente na história e na existência do homem. Este ser-aí, com efeito, não é uma humanidade abstrata e ideal, mas o meu próprio existir. Eu existo para as coisas, para me abrir a esse horizonte. Então, que transformação sofre o tempo com relação à origem que Husserl buscava? Já não se começa de uma irrupção ideal, de uma fulguração pré-real ou de uma impressão, mas do ser-aí das coisas, de uma abertura constituída por nosso existir no horizonte das coisas.

Passagem de fronteira

Em um texto de 1921-22, há uma passagem em que Heidegger fala de mundo e de vida, cuja interpretação torna necessário o recurso aos conceitos de "factualidade" e de "ruinosidade"[3]. Mas, em primeiro lugar, o que é factualidade? Com esse termo, Heidegger designa nosso próprio *dasein*[4],

---

3. Martin Heidegger, *Phänomenologische Interpretationen zu Aristoteles. Einführung in die phänomenologische Forschung*, Frankfurt am Main: V. Klostermann, 1994.
4. Martin Heidegger, *Ontologie. Hermeneutik der Faktizität*, Frankfurt am Main: V. Klostermann, 1988.

a prova do *dasein* e, portanto, do ser-aí das coisas que nos constitui. Mas esse ser-aí que nos constitui teria talvez uma origem pura? Enfim, é possível atribuir a ele uma origem ideal e transcendente, pensável antes dele? Não, a factualidade é o ser-aí do nosso sermos homens, que nenhuma atividade teórica pode transcender. Portanto, há o ser, e esse ser-aí, não podendo transcender-se para uma leitura ideal de si mesmo, tem de se interpretar para se libertar do peso da realidade e se refugiar nas certezas do ideal.

Nesse ponto reaflora o grande tema da hermenêutica heideggeriana. Sendo idealmente impossível transcendê-la, afirma ele, só é possível compreender o existir através de atos interpretativos: isto é, elaborando modelos hipotéticos para compreender a si próprios. Aqui, entre as diversas conjugações da factualidade, entra em jogo a que Heidegger define como ruinosidade, a contínua manifestação do perder-se, do cair no nada, da morte das coisas. A existência é permanentemente caracterizada pela ruinosidade, por uma contínua ruína: que, de um lado, é uma perda que já existe e, de outro, que ainda se prepara, na medida em que é condição constante da existência. Nesse ponto emerge o tempo como modo de existir. Se a existência não pode ser interpretada saindo-se dela, ao se ficar dentro dela pode ao menos ser interpretada como esforço contínuo para se tornar si mesma, diferente do que era antes. Mas, se isso é o tempo, não pode ser, como imagina Heidegger, um princípio, um conceito: só pode ser um sentimento. Não por acaso, ele entra em polêmica com a noção de sentimento, por causa de sua natureza empírica, acidental, peculiar, que nos faria perder a posse da existência para a qual a própria existência tende mediante a autointerpretação. Com o termo afetividade, por outro lado, ele indica a percepção de alguma coisa, ainda que não no sentido "sentimental" da palavra. Assim ele imprime uma curvatura muito forte à noção de tempo, em uma direção muito diferente daquela husserliana. Em conclusão, se numa primeira fase (de 1919 a 1923) ele concebera a temporalidade como uma dimensão do factual – e, portanto, como uma maneira de existir (ruinosidade) –, em *Ser e tempo*[5] o tempo se torna outra coisa, isto é, a própria estrutura da factualidade das coisas.

---

5. Martin Heidegger, *Sein und Zeit*, Tubingen: M. Niemeyer, 2001. Ed. bras.: *Ser e tempo*, tradução de Márcia Sá Cavalcante Schuback, Petrópolis: Vozes, 2009.

Sobre o *Erlebnis* ou o humaníssimo sofrimento

Se da constituição do conceito de tempo passamos para a indagação psiquiátrica – portanto não mais para uma indagação sobre a origem de um conceito, mas sobre aquela do humaníssimo sofrimento –, então é necessário considerar a pesquisa de Ludwig Binswanger, aluno de Carl Gustav Jung, Eugene Bleurer e Sigmund Freud. O psiquiatra alemão tenta aplicar o método fenomenológico ao sofrimento concreto, procurando subtrair a fenomenologia das espirais do puro transcendentalismo, projetando-a na carne viva da indagação clínica. Em *Sonho e existência*[6], Binswanger anota:

> Se bem no meio de uma entrega ou expectativa passional, repentinamente, o que esperamos nos trai, de repente o mundo muda de tal forma que nós, como desarraigados, perdemos todo apoio. Mais tarde, pensando naquele instante, do alto de uma estabilidade reconquistada, dizemos que naquele momento, como atingidos por um raio, caímos.

Binswanger se refere a uma vivência existencial, nada analógica, metafórica, neurológica ou psicossomática. Ao dizer "como atingidos por um raio, caímos", Binswanger nos coloca diante de uma vivência narrada em caráter extremamente imediato, como quando um acontecimento repentino nos desestabiliza, induzindo em nós a sensação do precipitar-se. Ao que remete esse achado fenomenológico, essa precisa descrição de um *Erlebnis*? Husserl descreveria essa experiência – em seu caráter imediato linguístico e sem nenhuma mediação preliminar (por exemplo, a *epoché*) – como vivência empírica. Para Binswanger, ao contrário, um evento dessa natureza ressalta que nossa existência só dispõe de raízes frágeis, ainda mais enfraquecidas pela irrupção de eventos que fazem com que o chão debaixo dos nossos pés venha a faltar.

Se analisarmos essa frase vamos encontrar nela alguns elementos fundamentais: o primeiro é aquele em que Binswanger, declarando uma dupla dívida para com Husserl e Heidegger, enuncia o tema do acordo com o mundo: isto é, a relação com o ser-aí das coisas (*dasein*) e o horizonte dentro

---

6. Ludwig Binswanger, *Traum und Existenz*, Bern/Berlim: Gachnang & Springer, 1992.

do qual essas coisas são (nós mesmos). A estrutura primária da existência, portanto, é o acordo com o mundo. Na experiência aqui descrita, o acordo com o mundo se interrompe repentinamente, e com ele a própria estrutura do tempo, que parecia ineliminável. "Sentir o chão faltar debaixo de nossos pés" significa dizer adeus ao ser-aí das coisas. Com efeito, eu já não sou o horizonte dentro do qual as coisas são. O mundo, que eu mesmo sou, parte-se aos pedaços. Dou por mim sozinho, com meu isolamento corpóreo. Entre essas duas condições – o acordo com o mundo e o sentir o chão faltar debaixo dos pés – nasce a transformação, que só pode ser entendida com o *Erlebnis*, consciência intencional que se abre à relação com o objeto.

A fenomenologia não toma conhecimento do *Erlebnis* como é, ou como se dá, mas o depura de sua factualidade, de suas circunstâncias empíricas. Um fenomenologista considera totalmente irrelevante pensar a identidade: ele a "protocola", por assim dizer, dentro de uma proposição estruturada por sons, pela composição de palavras cujo efeito é um conjunto de sons articulados. Husserl, por exemplo, está interessado nas dimensões lógicas de tudo isso, não na articulação da composição. Ao fenomenologista importa o que é comum aos *Erlebnis*, e não o que os diferencia. Mas, se isso é verdade, então de que fenômeno fala Husserl? Claro, de um fenômeno intencional, mas também é verdade que ao ver uma pessoa nós utilizamos todos os aparatos com que a natureza nos equipou. Isto é, vemos um objeto em sentido físico, em carne e osso, mas também mental.

Ora, poderíamos dizer, forçando a tese husserliana, que o fenômeno sempre é semanticidade e objetividade que se nos apresentam mediante um conjunto de elementos perceptivos. E, todavia, sempre há no *Erlebnis* um impulso que vai em direção a um limite ideal marcado pelo pensamento de outras pessoas. Em Husserl, o fenômeno não fica fechado em si mesmo, mas se torna a base para se mover rumo a alguma coisa, para tematizar o *Erlebnis* em sua factualidade, e não em sua dimensão ideal. Não é uma operação simples. De fato, se é fácil passar de um ideal a uma ideia, é menos fácil (se não impossível) passar do fato de um fato à compreensão do próprio fato.

O que tudo isso tem a ver com o problema do tempo? Ao analisar a vivência do "precipitar-se", Binswanger está lidando com o protocolo (e o relatório) linguístico de um *Erlebnis*, no qual o que é relevante não é a dimensão intencional, mas a factual. Mas por que importa mais o fato do que a intenção? A análise fenomenológica da descrição de Binswanger nos indica três dimensões intencionais: a) o acordo com o mundo; b) o precipitar-se; c) a mudança. Podem essas proposições distintas nos colocar no caminho da compreensão de nosso *Erlebnis* temporal? De certo alguma coisa aconteceu. Se antes havia um acordo com o mundo, agora não há mais. Esse profundo movimento de falhas geográficas teria talvez a ver com temporalidade? Desses três momentos distintos ignoramos os nexos. Com efeito, se analisarmos o movimento, decompondo-o em três fotogramas descontínuos (três continuidades), é totalmente impossível apreender a passagem de um ao outro. O sentido da continuidade é apenas a ilusão provocada pelo efeito da rigidez da projeção e isso desnuda toda a inadequação de uma análise que tem como chave de volta a vivência como intencionalidade.

Naturalmente aqui não é importante considerar o fenômeno em termos semânticos ou páticos: interessa, antes, a distinção entre idealidade e factualidade. Para responder à questão da origem, o fenômeno deve ser considerado tanto em sua dimensão ideal quanto naquela factual. É preciso então se perguntar se, para além dos limites que a fenomenologia husserliana colocou a si mesma, não seria útil assumir o fenômeno em sua dimensão factual e não naquela ideal, que afinal é a dimensão sobre a qual Binswanger se detém e, mais geralmente, a psiquiatria. Com efeito, não há dúvida de que muito antes do que seus procedimentos terapêuticos, o psiquiatra tem que compreender. Mas compreender o quê? Meu sofrimento, por exemplo, que não é o de outra pessoa: ou seja, compreender o *Erlebnis* evocado por meu gesto linguístico. Não como uma idealidade abstrata, mas como fato de vida, como uma vivência vivida e não como a vivência de uma ideia. Mas ainda não respondemos: afinal, o que entendemos com o termo "compreender"? A alusão seria talvez a um conceito, a uma operação lógica, a uma imaginação transfiguradora, a uma representação gráfica; ou então àquela dimensão originária a partir da qual todas essas compreensões são possíveis? Essas perguntas ainda interrogam a fenomenologia.

Para dar uma resposta, tentemos nos recordar por um instante da passagem binswangeriana na qual havíamos focalizado nossa atenção: "Se bem no meio...". Nesse trecho, dizíamos, há três níveis descritivos: a) o acordo com o mundo (o fenômeno inicial); b) o sentir o chão faltar debaixo dos pés; c) a mudança repentina, que determina a passagem de um fenômeno ao outro. À luz da reflexão husserliana sobre o tempo, há de se perguntar como é possível uma compreensão fenomenológica dessa passagem. De um ponto de vista husserliano, cada um desses fenômenos é apreendido em sua dimensão semântico-intencional. Com efeito, teríamos um primeiro plano, o do acordo com o mundo, que por sua vez é uma abertura intencional ao mundo e à compreensão das coisas que existem. Depois, sentir o solo faltar debaixo dos pés, que é a experiência da queda: o ponto de vista semântico do dizer "estou caindo". Enfim, a transformação repentina, na qual tudo muda.

Nas expressões de três momentos diferentes parece impossível apreender a passagem de um fenômeno ao outro sem uma espécie de naturalização. Os fenômenos, de fato, estão causalmente ligados entre si por um vínculo que torna essencialmente impossível demarcar qualquer descontinuidade. Nesse sentido, eles descrevem nem tanto o acordo com o mundo, a sensação de o chão faltar debaixo de nossos pés ou a transformação repentina: descrevem a passagem de um para o outro e, portanto, uma vivência dessa passagem.

O que significa a vivência dessa passagem? Ao que corresponde a vivência dessas experiências? Aqui parece crucial a distinção entre experiência e vivência. Husserl diria que essas três unidades de experiência – a abertura para o mundo, a queda, a repentinidade – têm de permanecer distintas, cada qual com a própria intencionalidade. O termo experiência deriva do termo latino *experior*, indicando a travessia: eu experimento na travessia. A preposição de *ex-perior* indica olhar alguma coisa, estar, de algum modo, distante. Mas o que acontece se com *ex-perior* indicamos uma travessia que se dá na saída da coisa que atravessamos, no voltar-se para olhar todo o caminho feito? *Ex-perior* (a experiência) indica, portanto, uma relação com a realidade vivida de maneira sensível e depois concluída em um juízo (a percepção é juízo, a experiência é juízo: claro, juízos implícitos, mas juízos, não mais simples impressões). Nesse sentido, onde houver experiência há uma dimensão intencional. Husserl a definiria "compreensão": o tomar-junto tudo aquilo pelo que passei e dis-pô-lo diante de mim, em sua inteireza. Experiência é, então, travessia que se conclui com a posse de um juízo.

Mas eis que estamos no cerne de um paradoxo: com fenômeno estamos aludindo à tentativa de alcançar a objetividade, à intuição que coincide com a coisa compreendida ou, então, a um fenômeno irredutível à objetividade? Em torno deste paradoxo gira a distinção entre fenômeno semântico e fenômeno pático. A única conclusão possível é que não existe um fenômeno semanticamente conotado que não seja também paticamente conotado.

No momento em que executo uma operação lógico-matemática – por exemplo 2+3=5 –, ela tem uma dimensão semântica independentemente da vivência ser minha ou de outra pessoa. Em sua semanticidade, todavia, esse cálculo é, de todo modo, um fenômeno que se manifesta em nossa vida (a minha e a dele), com todas as diferenças psíquicas e físicas da minha vida quanto da sua vida. Portanto não há nenhum fenômeno semântico que não seja também um fenômeno pático. Em última hipótese, podem se dar fenômenos páticos privados de dimensões semânticas. Quem nos mostra isso é Sartre, em *A náusea*[7], ao descrever a vivência do bibliotecário que, em um parque público, repentinamente rumina:

> [...] como se todas as formas, todas as ideias, os significados das coisas, as estátuas, a fonte, de repente se dissolvessem. Existem, eu sei. Mas eu já não percebo seu significado, não sei mais o que são.

Aqui estamos diante de uma crise radical da consciência intencional, de uma perturbação do acordo com o mundo. As coisas existem, mas eu não. Cada coisa está em seu lugar, diante de mim, e no entanto perdeu seu significado. Restam apenas como puras extensões de espaço existencial. Essa vivência é destituída de significado, já não tem nada de semântico. Há apenas meu sofrê-la. Então é preciso distinguir entre uma dimensão semântica e uma pática, isto é, entre experiências marcadas por uma dimensão semântica e fenômenos vividos assemânticos. A do guardião do romance sartriano não é uma experiência, mas o naufrágio no pântano morto da ausência radical dos significados das coisas: paticidade pura.

Mas, então, como podemos apreender fenomenologicamente a passagem de um momento para o outro? Trata-se de um fenômeno semântico ou não? Aqui nos socorre a reflexão de Viktor von Weizscker, médico alemão que entre as décadas de 1920 e 1930 definiu com o adjetivo pático aquilo que responde à pergunta "o que se torna este homem?" e não "o que é o homem". Com a passagem do predicado do ser ao tornar-se, a paticidade se torna um fato e não mais apenas uma possibilidade. Tudo o que é ideal, ao contrário, permanece apenas uma possibilidade.

---

7. Jean-Paul Sartre, *La nausée*, Paris: Gallimard, 1938. Ed. bras.: *A náusea*, 12ª ed., tradução de Rita Braga, Rio de Janeiro: Nova Fronteira, 2005.

Se imaginarmos o princípio ideal que é condição formal da náusea há, de um lado, uma idealidade que é lugar da possibilidade dos fatos; de outro, há os fatos puros que não podem ser reconduzidos a qualquer condição de possibilidade e, portanto, não são passíveis de idealização. Em sua análise antropofenomenológica, Binswanger não investiga as condições do sofrimento universal, mas o sofrimento de um homem como tal. Claro, todos sofremos. Mas não existe um sofrimento universal. O sofrimento é o meio que nos permite assinalar aos outros uma determinada condição nossa. Binswanger não analisa o fenômeno do sofrimento, mas o de um indivíduo que sofre ou, se quisermos, de "um" sofrimento.

O ser não admite a existência da variabilidade, da mutabilidade. Uma coisa é uma coisa. Seja como for que a mudemos em seu aspecto, ela permanece uma coisa. Portanto é impossível falar de mudança a não ser em relação a alguma coisa que ela é. Por isso o ser é, por sua própria natureza, estável. Aliás, seria impensável a estabilidade sem o ser. Mas, então, qual é a natureza da relação entre o ser e o tempo? Se tempo é mudança, ser e tempo não são assimiláveis. Há que dizer que Heidegger não entendia o tempo como mudança: ele indicava os êxtases como estruturas estáveis da existência: estruturas estáveis da mudança como fundamento da historicidade, que não é a mudança.

Na visão do filósofo alemão, o tempo não é uma moldura que se acrescenta à vida, mas o modo em que o homem dá sentido à sua existência. Entre os diversos êxtases da temporalidade, o papel decisivo é do porvir. O porvir tem o sentido de uma decisão antecipadora e, como tal, se revela finito: não no sentido comum do "cessar", mas como fim do tempo originário. Na vida diária, com efeito, nós utilizamos o tempo, não "somos" o nosso tempo. Eis por que, se o porvir autêntico é antecipação, o porvir inautêntico é espera: uma espera daquilo que o objeto de suas preocupações pode lhe oferecer. Mesmo o presente, como o porvir, tem uma maneira autêntica e uma inautêntica de se temporalizar. O presente autêntico é aquele que nos mantém abertos na contínua possibilidade da decisão. Esse presente, esse estarmos abertos à situação, é o instante: o caráter essencial da decisão que nos permite acolher o que efetivamente vem ao nosso encontro e que se nos apresenta assim como se apresenta.

Um universo plural.
Da natureza invisível da mente

*A vida de conhecimento, a vida que é
feliz apesar da miséria do mundo.*
Ludwig Wittgenstein

*De agora em diante, senhores filósofos, acautelemo-nos bem da
antiga e perigosa fábula conceitual que estabelece um
"puro sujeito do conhecimento, sem vontade, sem dor, atemporal";
acautelemo-nos dos tentáculos de conceitos contraditórios como
"razão pura", "espiritualidade absoluta", "conhecimento em si";
– aqui se pretende imaginar um olho que não pode
absolutamente ser imaginado, um olho voltado para nenhuma direção,
no qual as forças ativas e interpretativas, as que fazem
com que ver seja ver alguma coisa, devem estar truncadas, ausentes;
aqui, portanto, sempre se pretende um contrassenso e
um não conceito de olho. Existe apenas uma visão perspéctica,
apenas um "conhecer" perspéctico; e quanto mais afetos deixarmos
falar sobre uma determinada coisa, quanto mais olhos,
diferentes olhos, soubermos mobilizar em nós para essa coisa,
tanto mais completo será nosso "conceito" dela, nossa "objetividade".
Mas eliminar inteiramente a vontade, suspender todas as paixões,
admitindo-se que disso fôssemos capazes: como? Não significaria castrar o intelecto?...*
F. Nietzsche

A consciência é o teatro diurno da mente, o inconsciente o reino noturno. Por verdadeiro ou falso que fosse, esse foi o paradigma que dominou a psicologia, a filosofia e a literatura do século xx, ao menos até quando, das atmosferas rarefeitas de Cambridge, o filósofo inglês

Bertrand Russell[1] moveu uma crítica severa contra a ideia – cara à tradição filosófica cartesiana e kantiana que identificava a consciência com a mente – de que o papel da consciência na vida psicológica do homem é totalmente secundário. Não havia passado muito tempo desde que o filósofo e psicólogo americano William James afirmara que o conhecimento e, de maneira mais geral, os fenômenos da mente só podem ser analisados em termos evolutivo-adaptativos. James identificou, especialmente, um nível duplo: o primeiro, introspectivo; o segundo, relativo à interação entre consciência e ambiente. Segundo James, o pensamento se caracteriza pela tendência a tornar-se parte de uma consciência pessoal, por contínua mutabilidade, pela incessante relação com objetos independentes dele, em suma, pela propensão a selecionar partes determinadas desses objetos, excluindo outras[2].

No centro de sua pesquisa há o *stream of consciousness*, conceito que influenciará enormemente os trabalhos de escritores como James Joyce, Virginia Woolf e Henry James: esse fluxo de consciência se transforma incessantemente no tempo, aliás, é a própria consciência do tempo. James recusa a ideia de que os dados mais elementares da vida consciente sejam as sensações e que essas deem lugar a níveis de consciência cada vez mais complexos e refinados. Também a consciência de uma sensação elementar, ele afirma, é o efeito de uma abstração sutil que sempre começa a partir de uma experiência complexa. O fluxo de consciência é

> [...] a transição do pensamento de um objeto ao de outro objeto não é uma interrupção do pensamento, não mais do que possa ser uma interrupção na madeira aquele nó que vemos numa cana de bambu. (James, 1890)

Segundo William James, a uma análise psicológica de superfície escapam as relações e os movimentos profundos da mente e, aliás, nenhuma representação de uma experiência, mesmo a mais precisa, pode esgotar-lhe a amplidão ou a profundidade. As palavras e as imagens de uma experiência – o conteúdo de uma experiência – são cercadas por um halo (Wittgenstein

---

1. Bertrand Russell, *L'analisi della mente*, tradução de Enrico Carone, Roma: Newton Compton, 1970. Ed. bras.: *A análise da mente*, tradução de Antonio Cirurgião, Rio de Janeiro: Zahar, 1976.
2. William James, *The principles of psychology*, Londres: Macmillan, 1890.

dirá, anos mais tarde, que o sentido de uma palavra ou de uma proposição é iluminado pelos arredores da forma de vida a que pertence) que as torna muito menos distintas do que pareceriam a um olhar inicial. Em cada uma delas ressoa o eco morrediço de sua origem e o sentido crescente de seu porvir. Esse halo – que James define significativamente como *psychical overtone, suffusion, fringe* – não atinge apenas a continuidade da vida consciente, mas qualquer coisa nova que a alcance.

Dissentindo do empirismo clássico, James levanta a hipótese de que a consciência se caracteriza por um fluxo contínuo projetado *naturaliter* em direção ao ambiente, de conteúdos absolutamente únicos. A consciência, portanto, não é um espelho que reflete ou uma empiria qualquer, mas uma inteligência inteligente exposta quer ao sucesso, quer ao fracasso. Por outro lado, tampouco a consciência acontece do exterior. Ela age como fator criativo totalmente interno à experiência. Há, todavia,

> [...] verdades necessárias, relações ideais internas entre os objetos de nosso pensamento que não podem de nenhuma maneira inteligível ser interpretadas como reproduções da ordem da experiência exterior.

Ao contrário do ponto de vista construtivista, as dinâmicas espontâneas da mente vão da invenção dos conceitos ao reconhecimento de suas relações de semelhança. Trata-se, porém, de formações mentais e de construções conceituais desprovidas daquele "poder legislativo" que Kant e os idealistas atribuíam à mente em relação à experiência. Claro, também Locke, em *Ensaio acerca do entendimento humano*[3], reconhecera a existência de verdades ideais puras, contudo, o filósofo inglês tinha deixado de lado a questão da relação destas com as verdades de fato. Segundo James, as aporias do empirismo tradicional não podem ser evitadas recorrendo a Kant ou ao idealismo. É necessária uma diferente representação da experiência, diferente também do empirismo clássico que a classificava como fonte passada de ideias e conhecimento. A experiência, para James, é intenção, desafio, impulso rumo ao futuro.

---

3. John Locke, *An essay concerning human understanding*, Oxford (Reino Unido): Clarendon, 1894. Ed. bras.: *Ensaio acerca do entendimento humano*, tradução de Anoar Aiex, São Paulo: Nova Cultural, 1997. (Coleção Os Pensadores).

Seu valor – que não reside em sua origem – é decidido pelos resultados a que leva, pelas perspectivas que abre: em suma, por seu "enfuturar-se". Portanto, é totalmente irrelevante o "decalque dos fatos" ou a reiteração dos hábitos mentais concordados. Conta apenas a fecundidade das novas perguntas, a abertura de novos caminhos, a descoberta daquelas misteriosas relações entre as coisas que acrescem nosso conhecimento, sem espelhamentos narcisistas.

Em "Does 'consciousness' exist?"[4] ["A 'consciência' existe?"], James rejeita que a consciência seja uma entidade cartesiana. Sua natureza é orientada ao conhecimento, ao aprendizado e à relação com o mundo. No universo pluralista de James ecoa a pluralidade do mundo, em forte sintonia com a indagação bergsoniana. A tese de Bergson, segundo a qual cada momento do fluxo de experiência é um ponto de confluência, torna-se em James uma *compenetration view*. As pulsações de nossa vida presente, aquelas gotas de experiência sentidas de imediato, são a forma autêntica da realidade, não uma propriedade do fluxo de consciência a ser demonstrado ou descrito.

> O impulso para a frente de nosso pensamento através de suas franjas é a peculiaridade perene de sua vida. Nós temos consciência dessa vida como de algo que está sempre distante do equilíbrio, alguma coisa em transição, alguma coisa que surge da escuridão e mediante um alvorecer se move rumo a um meio-dia que sentimos como a plena realização da aurora.

James tenta ultrapassar o conceito de experiência, superando também o dualismo clássico entre espírito e natureza. Há apenas um princípio de realidade: a pulsação da experiência. Não se trata de uma espiritualidade abstrata separada da natureza, mas de momentos de pura vida espiritual que dissipam as névoas da realidade.

> Meu campo de consciência atual – esclarece James – é um centro cercado por uma franja que esfuma em um subconsciente mais profundo. Eu uso três termos distintos para descrever esse fato, mas bem

4. William James, "Does 'consciousness' exist?", *Essays in radical empiricism and a pluralistic universe*, NovaYork: E. P. Dutton, 1971. Ed. it.: "Esiste la 'coscienza'?", *Saggi sull'empirismo radicale*, tradução de N. Dazzi, Bari: Laterza, 1971, Ed. bras.: "A 'consciência' existe?", *Ensaios em empirismo radical*, tradução de Pablo Rubén Mariconda, São Paulo: Abril Cultural, 1979. (Coleção Os Pensadores).

que poderia usar trezentos deles, porque o fato esfumou por inteiro e não tem confins determinados. [...] Aquilo com que nos identificamos conceitualmente e dizemos ser o objeto de nosso pensamento, a certa altura, é o centro, mas nosso Eu integral é o campo todo, com todas aquelas possibilidades de crescimento irradiadas infinitamente, que nós só podemos sentir, sem categorizá-las, e dificilmente podemos começar a analisar. [...] Em linha de princípio, o fendente intelectualista está quebrado, ele só pode se aproximar da realidade. E sua lógica não pode ser aplicada a nossa vida interior, que despreza seus vetos, e não tem grande consideração por seus *non possumus*. Aqui cada parte de nós, a todo momento, é apenas parte de um Eu mais amplo, que vibra ao longo de diversos raios como a rosa dos ventos da bússola, e o que nele é atual é contínuo e uno com os possíveis que ainda não vemos.

Se em *Essays in radical empiricism* [Ensaios em empirismo radical] o campo gravitacional do Eu é circunscrito ao aqui e agora, em *The principles of psychology* [Princípios de psicologia] é assumido em toda a inesgotável riqueza de sua constituição dinâmica e temporal. Ultrapassando os limites categoriais anteriores, James interroga o caráter, a individualidade, a força criativa da vida pessoal, a tendência dessas mesmas instâncias a se fundirem e se transfigurarem numa identidade aberta, sobretudo em porvir.

A teoria da experiência de James é desenvolvida mais tarde por Alfred North Whitehead[5], o qual não só reconhece sintonias e afinidades com o pensamento do psicólogo e filósofo americano, mas inscreve as categorias deste numa teoria das relações que, do ponto de vista filosófico, constitui uma refinada solução do problema da consciência. Afinidades e ressonâncias (junto com evidentes diversidades) que se observam, como vimos, também na reflexão husserliana das *Lições para uma fenomenologia da consciência interna do tempo*[6].

---

5. Alfred North Whitehead, *Processo e realità*, tradução de N. Bosco, Milão: Bompiani, 1965. Ed. port.: *Processo e realidade*, tradução de Maria Teresa Teixeira, Lisboa: Centro de Filosofia da Universidade de Lisboa, 2010.
6. Edmund Husserl, *On the phenomenology of the consciousness of internal time*, tradução de John Barnett Brough, Dordrecht (Países Baixos): Kluwer, 1991. Ed. port.: *Lições para uma fenomenologia da consciência interna do tempo*, tradução, introdução e notas de Pedro M. S. Alves. Lisboa: Imprensa Nacional, 1994.

Uma verdade antimetafísica

O reconhecimento da importância do pensamento psicológico e filosófico de James não deriva apenas do variegado mundo fenomenológico, mas também de pensadores distantes da fenomenologia, como Hilary Putnam[7], filósofo americano que oferece uma interpretação original do pragmatismo.

Eu acredito – escreve Putnam – que James tenha sido um pensador de grande força, como nenhum outro do século passado, acredito que seu modo de filosofar contenha possibilidades por muito tempo negligenciadas, e que esse modo indique o caminho de saída de algumas velhas "encrencas" filosóficas que continuam nos afligindo. Em suma, acredito ter chegado o momento de considerar atentamente o pragmatismo, o movimento do qual James, provavelmente, foi o maior expoente.

Segundo Putnam, é completamente errado criticar em James propensões ao ceticismo. Com efeito, se é verdade que torna a questionar o conceito de verdade, ele afirma, não obstante, que somos nós a criar a verdade. Portanto, talvez pudéssemos atribuir-lhe certo falibilismo, mas ceticismo certamente não. Russell não só compreendeu mal James – afirma Putnam –, mas chegou a deformar sua concepção da verdade, mesmo quando em *História da filosofia ocidental*[8] testemunha sua estima por ele. De fato, o filósofo inglês escreve:

> [...] o ponto de vista que me parece reconciliar as tendências materialistas da psicologia com a tendência antimaterialista da física é a dos novos realistas americanos. Suas ideias, em boa medida, são derivadas de William James, e antes de prosseguir será bom considerar a doutrina revolucionária que ele afirmou. Eu acredito que essa doutrina contenha uma nova e importante verdade, e o que direi será em boa medida inspirado nela.

---

7. Hilary Putnam, *Il pragmatismo: una questione aperta*, tradução de Massimo Dell'Utri, Roma-Bari: Laterza, 1992.
8. Bertrand Russell, *Storia della filosofia occidentale*, tradução de Luca Pavolini, Milão: Longanesi, 1966. Ed. bras.: *História da filosofia ocidental*, 3ª ed., tradução de Brenno Silveira, São Paulo: Cia. Editora Nacional, 1968.

Não se pode liquidar o pensamento de James em poucas falas, como Russell faz. Em James, a verdade é o próprio destino do pensamento: uma verdade questionadora, problemática, aberta a todo horizonte possível – da empiria à transcendência, da utilidade à ética, da corporeidade às dinâmicas da profundidade; uma verdade que não é posse lógica e que, precisamente por isso, se transfigura em incessante solicitação de sentido sobre todo aspecto da realidade, fenomênico ou oculto, evidente ou dissimulado, que seja –, como uma tensão inesgotável que excede todo limite artificial e arbitrário; uma verdade que reconhece o humano no "religioso", precisamente como em todo átomo de realidade física e psíquica; uma verdade, em suma, que recusa todo gênero de dogma e ceticismo. Aqui reside o valor do pensamento de James, sua contribuição para um pragmatismo ético e falibilista que, como uma rosa dos ventos, guia a vida humana autônoma contra as insídias de um relativismo moral corrosivo, ou pior, de um autoritarismo moral.

Putnam apreende plenamente a distância – ou, talvez melhor, a separação – entre as razões de uma pesquisa científica e epistemológica livre e o paradigma dos "enunciados protocolares" (isto é, o registro de uma experiência direta independente de influências teóricas) típica do *Wiener Kreis*. Pergunta, o filósofo americano,

> [...] se o objetivo fundamental da ciência é a previsão, não poderia esse objetivo ser alcançado com mais eficácia admitindo-se uma pluralidade de teorias, cada qual coerente e de sucesso em seu próprio domínio, ainda que sua conjunção não fosse coerente? O fato é que a coerência tem sentido como *desideratum*, precisamente porque nós julgamos nosso sistema de conhecimento como alguma coisa a mais do que uma simples máquina preditiva: nós aspiramos a uma *weltanschauung*.

Não surpreende que a diferença entre os níveis explicativos e os interpretativos seja objeto de debate toda vez que a pesquisa científica dá um passo à frente. Como não recordar a amplidão e a intensidade das polêmicas nas fases iniciais das discussões sobre a mecânica quântica, quando os problemas da filosofia foram objeto de questionamentos, não menos do que aqueles da física? É absolutamente natural que numa controvérsia científica autêntica os limites e as fronteiras disciplinares sejam violados; que problemas filosóficos e científicos, instâncias culturais e metafísicas interajam até se confundirem. Dessa maneira, fatos neutros se tornam observações ou coisas a descrever: muito depende das culturas presentes, das criações culturais e linguísticas.

No que me diz respeito – reconhece James[9] com serena inteligência –, não posso escapar da consideração que se me impõe a toda hora, segundo a qual o sujeito conhecedor não é um simples espelho flutuante sem nenhum ponto de apoio, que reflete passivamente uma ordem na qual se embate e que encontra simplesmente existente. O sujeito conhecedor é um ator, o qual de um lado codetermina a verdade, e de outro registra a verdade que ajuda a criar.

Se a força do pensamento de James reside em sua concepção de um mundo de fatos e teorias, de valores e interpretações entre si interdependentes, a do pragmatismo está em sua feliz mescla de falibilismo e anticeticismo. Se para os pragmatistas a dúvida solicita uma justificação consistente pelo menos tanto quanto uma crença, para os falibilistas não é necessária nenhuma dúvida sistemática, mas um exercício contínuo de perplexidade sobre o mundo. Para James, assim como para Sócrates, a questão filosófica crucial é como viver, já que os homens aspiram a ideais e visões de mundo. De resto, uma filosofia não pode produzir somente argumentações ou, no sentido oposto, visões de mundo sem argumentações. Há muitas coisas para além do conhecimento puro. Claro, nas ações que objetivam um intento somos guiados principalmente por regras de racionalidade, que depois elevamos a valores máximos. Mas a tensão para o conhecimento não tem apenas finalidades ou vantagens práticas. O desejo de saber está na própria natureza da espécie, e o conhecimento puro sempre é, dentro de certos limites e em certos âmbitos,

[...] um valor final até para quem dentre nós for o menos desejoso de saber. [...] A necessidade de conhecimento confirmado intersub-

---

9. William James, *Pragmatism: a new name for some old ways of thinking*. Cambridge, Mass./London: Harvard University Press, 1978. Ed. bras.: *Pragmatismo*, tradução de Jorge Caetano da Silva, São Paulo: Abril Cultural, 1979. (Coleção Os Pensadores).

jetivamente, a necessidade de tolerância, e a necessidade de formas de vida fundamentadas em responsabilidades existenciais que nem todos podem e deveriam sentir, são todas necessidades reais. Há mais que o necessário para a filosofia na análise dessas necessidades; mas vir repetir para nós, até dizer chega, que "não há nada fora do texto", ou que todo nosso pensamento nada mais é do que "signos e sons causados" por um mundo material e cego ao qual não podemos sequer nos referir, não constitui uma análise de qualquer uma daquelas necessidades, mas uma estéril oscilação entre um idealismo linguístico, que em boa parte é um "hábito" na moda, e um cientismo autoconfutador. (Putnam, 1992)

Entre a abstração lógica e o como viver

Putnam estigmatiza duramente a opinião de quem considera a aproximação entre filosofia e neurose, realizada por Wittgenstein na última fase de seu pensamento, como uma despedida da filosofia e, em suma, como o anúncio do "fim da filosofia". Wittgenstein honra em cheio a tradição filosófica não só pelo método de confutação das posições adversas ou pelo esclarecimento das implicações epistemológicas implícitas na recusa do esquema pergunta-resposta unívoco, mas sobretudo por considerar desprovido de sentido a interrogação sobre a "natureza" do conhecimento.

Para o filósofo vienense é irrelevante redefinir o plano formal do discurso, porque o termo "conhecer" está longe de ser unívoco: é válido apenas por desempenhar tarefas diferentes. Aliás, é filosoficamente relevante que as proposições e as expressões da comunicação humana possam estar equivocadas. Se não houvesse equívocos linguísticos, se não distorcêssemos as funções e as finalidades das proposições da linguagem nos diversos contextos, se não confundíssemos um jogo linguístico com outro: enfim, se não houvesse esses enganos não existiriam problemas filosóficos. Equívocos e mal-entendidos, portanto, estão de tal modo arraigados em nossas maneiras habituais de pensar que sequer os percebemos. São necessários inteligência viva e olhos agudos para apreender os problemas filosóficos gerados pelos mal-entendidos linguísticos. O trabalho filosófico nos coloca em condições de pensar, de ver e agir para além do mero horizonte da linguagem.

Os erros inerentes à linguagem não devem ser considerados em sentido comum. Trata-se de insídias que nunca viriam à luz se não percebêssemos os problemas filosóficos a elas subjacentes. Tarefa da filosofia é descobrir o que não funciona na linguagem e esclarecer o caráter enigmático de sua essência lógica. Todavia, é a linguagem a nos levar para as zonas sombrias, nada raras ou insólitas, de nossas habituais maneiras de pensar. Ou não é verdade que a chamar nossa atenção sempre é o que é novo e surpreendente e, ao contrário, a provocar em nós ecos de hábito é aquilo que é repetitivo e diário? Meta da argumentação filosófica é a clareza: não pela solução, mas pelo desaparecimento de um problema. Eliminar o equívoco significa remover o fundamento do problema que, precisamente, não está resolvido, mas desapareceu. Essa situação é bem representada pela metáfora de Wittgenstein sobre a mosca à qual tem de ser indicado o caminho de saída da garrafa.

Tarefa essencial do filósofo, portanto, não é construir sistemas, mas reformular problemas já conhecidos. Essa vontade implacável tem de abranger os fundamentos gramaticais que, como todos os outros problemas da vida, só encontram solução em profundidade. "Os problemas da vida – anota Wittgenstein – são insolúveis na superfície, e só podem ser resolvidos na profundidade. Nas dimensões da superfície eles são insolúveis"[10]. Superfície e profundidade são níveis distintos de vida, precisamente como são níveis distintos da linguagem. A tensão do filósofo vienense – em primeiro lugar tensão ética – é projetada em busca de um paradigma profundo do significado e das estruturas que ligam as margens irregulares das coisas. Ver, em certo sentido, é iluminar essas relações, apreender sua complexidade, identificar os nexos intermediários: em suma, desenhar a imagem de uma forma de vida. É esse o ápice do trabalho filosófico.

Em *Investigações filosóficas*[11], Wittgenstein apresenta a ideia de um tratamento terapêutico das diferentes doenças lógicas. Ora, a linguagem estabelece residência na carne, torna-se corporeidade sofrida. Mas é uma corporeidade incorpórea, um encarnar-se incorpóreo da linguagem, enfim, alguma coisa espiritual. Da lógica e do espírito, ele escreve:

---

10. Ludwig Wittgenstein, *Pensieri diversi*, tradução de Michele Ranchetti, Milão: Adelphi, 1998.
11. Ludwig Wittgenstein, *Ricerche filosofiche*, tradução de Mario Trinchero, Turim: Einaudi, 1999. Ed. bras.: *Investigações filosóficas*, 6ª ed., tradução de Marcos G. Montagnoli, Petrópolis: Vozes, 2009.

Onde nossa linguagem nos deixa supor um corpo, e não houver nenhum, ali gostaríamos de dizer que há um espírito.

A um grande número de verbos que aludem a atividades concretas e corpóreas, correspondem outros que se referem a eventos e atividades incorpóreas: querer, decidir, compreender. A linguagem que remete a dimensões incorpóreas envolve o espírito. Em *Últimos escritos sobre a filosofia da psicologia*[12], esse ponto de vista se torna mais marcado: a atenção do filósofo-terapeuta sobre o mundo dos fenômenos é extremamente aguda. A escuta da vida da mente dá forma a uma antropofenomenologia efervescente. Não surpreende, então, que Wittgenstein se refira repetidamente a James, que ele indica explicitamente como um dos fundadores da psicologia empírica e descritiva de "tendência fenomenológica".

De sua sensibilidade para com a fenomenologia há diversos rastros. Pense-se na observação n. 899-I dos Últimos escritos na qual cita o aforismo goethiano: *"man suche nichts hinter den Phänomen; sie selbst sin die Lehre"* ("não busque nada por trás dos fenômenos; eles já são a teoria"); ou das *Investigações filosóficas*, cujo aforismo-chave é "não pense, olhe"; ou, ainda, em *Pensieri diversi* [Pensamentos diversos], no qual, com sensibilidade agostiniana, anota: "Queira Deus dotar o filósofo de um olhar agudo para aquilo que está debaixo dos olhos de todos".

O desafio *dos Últimos escritos* é o deslocamento do eixo da indagação filosófica. Tema crucial dessa nova temporada da pesquisa wittgensteiniana é o conhecimento implícito do mundo e de nós mesmos: melhor dizendo, do mundo e de nós mesmos no cotidiano fluir do tempo, no denso emaranhado de palavras e conceitos mediante os quais nos familiarizamos com a realidade; dos conflitos do conhecimento e da natureza do conhecimento; do que significa viver; da mutabilidade das coisas e de suas arquiteturas internas; das dimensões do espaço e do tempo; das infinitas possibilidades de uma

---

12. Ludwig Wittgenstein, *Bemerkungen uber die Philosophie der Psychologie: Letzte Schriften uber die Philosophie der Psychologie*, Frankfurt am Main: Suhrkamp, 1982. Ed. port.: *Últimos escritos sobre a filosofia da psicologia*, tradução de A. Marques, N. Venturinha e J. T. Proença, Lisboa: Fundação Calouste Gulbenkian, 2007.

vida inteligente e sensível. Torna novamente a ser campo de pesquisa do filósofo essa enorme quantidade de perguntas e de regiões do conhecimento: atividade que ultrapassa a necessidade da explicação para redescobrir o brilho intenso da verdade.

Aqui, Wittgenstein submete a própria concepção da linguagem a uma torção adicional. Conhecer uma língua é muito mais que uma habilidade comunicativa: significa, sobretudo, dispor de conceitos. As palavras não são apenas instrumentos operacionais, mas instrumentos de pensamento, para nossas possibilidades mentais e vitais assim como para a leitura dos textos filosóficos. Não poderemos alcançar nenhuma contemplação se utilizarmos a linguagem para alguma coisa. Se tentarmos ler de maneira diferente os *Últimos escritos*, com imaginação e disponibilidade de tempo, mais do que "como esboços de um álbum", perceberemos que a filosofia, se existir, assemelha-se muito mais ao ócio do que ao negócio.

Intransitáveis aporias do materialismo

Não é infundado afirmar que o pragmatismo americano deu o melhor de si no pensamento de William James e Hilary Putnam. Na visão vasta e complexa desses pensadores, o pragma (em grego, "ação") salienta que todo desenvolvimento criativo está ligado a uma originalidade absoluta. Pragmatismo, com efeito, é decidir sobre a verdade da ação, sobre a interpretação da verdade. Pragma, todavia, também tem outros significados (coisa, fato, ação), ainda que distantes de seu sentido originário. Não por acaso, James fala disso no plural[13]. Ele diz, precisamente, "alguns velhos modos" de pensar, não um só. Surpreendente destino, o do pragmatismo, se considerarmos que fora concebido por Charles Sanders Peirce para tornar nossas ideias claras, para identificar o caminho de um acordo sobre os significados das palavras. Se quiséssemos sintetizar o sentido do pragmatismo de James, poderíamos dizer que a verdade de uma doutrina consiste em sua bondade com relação a determinados fins.

---

13. William James, *Pragmatism: a new name for some old ways of thinking*. Cambridge, Mass./London: Harvard University Press, 1978. Ed. bras.: *Pragmatismo*, tradução de Jorge Caetano da Silva, São Paulo: Abril Cultural, 1979. (Coleção Os Pensadores).

Na realidade, James foi não apenas um psicólogo arguto: foi também um escritor fascinante. Ao menos tanto quanto o irmão Henry, o famoso romancista que, diga-se, não foi inferior a William como psicólogo. Aos romances do irmão, William doou o precioso conceito de *stream of consciousness*, o fluxo de consciência no interior do qual momentos de consciência contínua se alternam a outros de inconsciência, estados nunca isoláveis um do outro. Essa visão da vida interior se entrelaçou fortemente com a que Bergson, a partir da famosa doutrina da duração, estava elaborando na Europa.

A obra jamesiana evidencia a extraordinária riqueza da realidade e, ao mesmo tempo, os limites da mente humana: esta acaba ali onde começa outra realidade que a transcende. Seu universo pluralista reconhece em si a transcendência e nega todo materialismo que "define o universo de modo tal que a alma do homem parece nele uma espécie de passageiro estranho ou estrangeiro"[14]. E mais: o materialismo corta pela raiz a esperança humana, frustra o empenho do homem, inibe a busca de valor. E, afinal, um universo materialista é totalmente indiferente aos valores humanos: iniciativas e ações se dissolvem nele sem deixar rastros. A própria realização de um valor é abandonada à deriva de uma mutabilidade cósmica que torna tudo, ao mesmo tempo, possível e impossível.

A forte tensão espiritual de James serve de contraponto ao materialismo científico, que considera não essenciais as complexas relações entre pesquisa científica, epistemologia e ética. Um pensamento científico sincero não teme enfrentar com coragem essa crise.

> Uma ciência de tipo cartesiano, que postula o valor real do matematismo, que constrói uma física geométrica, não pode abrir mão de uma metafísica. E, aliás, nada mais pode fazer, a não ser começar por ela. Descartes sabia disso. [...] Nós esquecemos. Nossa ciência prossegue sem se ocupar muito de seus fundamentos. Seu sucesso basta-lhe. Até o dia em que uma "crise" – uma "crise dos princípios" – lhe revela que alguma coisa lhe falta: ou seja, entender o que faz"[15].

14. William James, *Un universo pluralistico: conferenze Hibbert al Manchester College sulla situazione filosofica attuale*, Oxford 1909, organização de Giuseppe Riconda. Turim, Marietti, 1973.
15. Alexandre Koyré. *Lezioni su Cartesio*, tradução de Hélene Tenda e Paolo Guidera. Milão: Tranchida Editori, 1996. Ed. port.: *Considerações sobre Descartes*, 2ª ed., tradução de Hélder Godinho, Lisboa: Presença, 1963.

A ciência tem de reconsiderar as premissas metodológicas e epistemológicas que levaram à crise de hoje, reconsiderar a pretensão de que todo conhecimento possa se reconhecer numa visão pan-matemática. Uma visão da ciência dessa espécie tem como resultado a marginalização do sujeito do mundo, a redução de toda forma de conhecimento a uma análise inapropriada da subjetividade. A ideia segundo a qual haveria na natureza uma racionalidade objetiva, que acabaria coincidindo com a racionalidade subjetiva, leva à anulação da subjetividade na objetividade. Por outro lado, não há bons motivos para acreditar que, devido à eficácia da objetividade matemática nas ciências físicas, todos os aspectos da realidade tenham de ser conformados a um princípio de racionalidade análogo, a ponto de pôr em questão a liberdade subjetiva. A natureza física, observava o matemático René Thom, é apenas uma partícula do mundo, e não há razão nenhuma para reduzir o mundo inteiro a essa partícula.

A conversão dos processos em objetos, que transformaram o observador em deus *ex-machina* externo ao sistema, teve consequências prejudiciais para a ciência. O universo e a ação humana são extremamente mais ricos que as caricaturas da mídia, cortesã da ciência, quer que acreditemos. A cada dia fica mais claro que uma revolução epistemológica não deverá dizer respeito apenas ao conhecimento científico, mas ao inteiro espectro de nossas possibilidades culturais e sociais. Se esquecermos, mesmo que só por um instante, a importância da observação e sua primazia, então a própria ciência se tornará ideologia e nos tornaremos vítimas dos que tentam nos convencer que vivemos da melhor maneira possível. Ao contrário, um modelo teórico é, invariavelmente, um filtro cognitivo que dá conta de certas observações e estabelece uma espécie de equilíbrio entre o observador e o mundo. Isso não significa que nossas perguntas sejam únicas ou exaustivas. Longe disso. Nosso dever é aprender a pensar com amor, gentileza e respeito as condições em que geramos nossas possíveis "verdades": verdades a discutir e compartilhar, nunca Verdade com letra maiúscula; verdade como processo e não como posse. Também por esses motivos parece discutível a aplicabilidade do modelo materialista às ciências da mente. Para os materialistas, fazer ciência significa, primeiramente, garantir a independência do objeto do observador: portanto, tudo que não diz respeito ao comportamento do objeto, ou que depende de uma escolha subjetiva, determina uma definição incompleta do objeto. É irônico, porém, observar que o conceito de "realidade física" – uma "realidade" oposta à experiência psicológica – nasceu precisamente a partir da independência do objeto do sujeito.

A consciência de uma nova ideia de objetividade científica, embora de forma gradual, vem se afirmando irrefreavelmente. Ninguém, nem os cientistas, nem os filósofos, podem revindicar uma soberania territorial sobre os problemas difíceis da relação mente-corpo e da consciência. Os cientistas, aliás, têm enorme responsabilidade com relação aos efeitos intencionais e não intencionais de seus procedimentos. Na história, as comunidades científicas frequentemente tiveram consciência disso, convivendo por muito tempo com problemas éticos e reconhecendo à ética a autonomia que lhe cabe. Federigo Enriques, ilustre matemático e filósofo da ciência, pensador rigorosamente laico e racionalista, já há um século escrevia que a ciência pela ciência é uma fórmula desprovida de conteúdo social, que o conhecimento pode fornecer à vontade apenas os meios e não as finalidades da atuação: então seria totalmente absurdo buscar na ciência as normas da vida[16].

Wittgenstein cumpriu um percurso exemplar da lógica à psicologia e criticou toda tentativa de substituir a "compreensão" pela "explicação", a busca de sentido pela dos fatos. Os conceitos psicológicos estão "incorporados em nossa vida". Erro pernicioso dos filósofos foi separá-los dessa raiz. As "confusões da psicologia" como ciência empírica são a consequência automática de tudo isso. O objetivo polêmico dos *Últimos escritos* é preciso:

> É o esquema dualista do pensamento moderno, com a máquina do mundo de um lado e o fantasma da mente em algum "outro" lado, ou então em um inconcebível "interior" da máquina. A filosofia, portanto, ainda estaria sob o maléfico feitiço de Descartes"[17].

Wittgenstein capta todas as tensões entre um mundo físico e um mundo mental, um mundo de corpos-máquinas desanimados e de mentes en-

---

16. Federigo Enriques, *La theorie de la connaissance scientifique de Kant a nos jours*. Paris: Hermann, 1938.
17. Rita De Monticelli, "Linguaggio e memoria", Posfácio a *Osservazioni sulla filosofia della psicologia*, de Ludwig Wittgenstein. Milão: Adelphi, 1990.

carnadas. Como se, na busca de uma passagem entre esses mundos, ele tentasse restituir à psicologia uma consistência, que a preservasse daquelas formas de reducionismo ontológico que impregnam grande parte da psicologia contemporânea.

Intuição e revelação

*A mente intuitiva é um dom sagrado e a mente racional
é um criado fiel. Nós criamos uma sociedade
que honra o criado e esqueceu o sagrado.*
ALBERT EINSTEIN

*O maravilhoso não suscita em nós nenhuma
surpresa, porque o maravilhoso é aquilo com que
temos a mais profunda intimidade. A felicidade
que sua visão nos proporciona está propriamente
no fato de vermos confirmada a verdade de nossos sonhos.*
ERNST JÜNGER

*Os poetas dizem que a ciência estraga a beleza das estrelas,
reduzindo-as a simples amontoado de átomos de gás. Somente?
Eu também me comovo ao ver as estrelas à noite no deserto, mas vejo menos
ou mais? A vastidão dos céus desafia minha imaginação;
pendurado nesse pequeno carrossel o meu olho consegue captar a luz velha
de um milhão de anos. Vejo um grande esquema, do qual sou parte,
e talvez minha essência tenha sido expelida por alguma estrela esquecida,
como uma, agora, está explodindo lá em cima. [...] Qual é o esquema,
qual é o seu significado, o porquê? Saber alguma coisa sobre isso não destrói
o mistério, porque a realidade é tão mais maravilhosa do quanto
algum artista do passado poderia imaginar!*
RICHARD P. FEYNMAN

*A quem mede com precisão o que necessita de precisão,
a quem mede com coragem o que necessita de coragem.
Sem tirar as medidas do mundo e ficando com os pés bem
sólidos no chão, na consciência de que o conhecimento está
entre os valores mais elevados, capaz de distinguir um indivíduo de outro.
A quem não deixa de confrontar a própria inteligência com complexidade,
dilemas, cansaços. Recordando porém, que a pureza dos sentimentos
acompanha a honestidade da vida e do conhecimento.
Com qualidade, sem falsidade, hipocrisias, narcisismos.*
ROBERT MUSIL

Há uma pergunta que prende e extenua a mente de um cientista toda vez que alguma coisa – um objeto original, uma relação não aparente – se impõe à sua atenção: o que significa descobrir? Pergunta óbvia e enigmática, como poucas. Óbvia porque não existe nenhuma verdade científica que não dê evidência de si, enigmática porque sempre há ulteriores territórios a explorar. Mas, mais uma vez, o que é uma descoberta? Talvez uma conjetura, uma mera constatação de uma experiência? E por que, apesar das espantosas descobertas da ciência, a realidade (a consciência, as partículas elementares, o início do Big Bang) nos parece como uma terra desconhecida e seu nível último sempre além das fronteiras de nossa compreensão racional?

Reconhecendo "saber que não sabe" Sócrates apresentou um diagnóstico severo sobre aquela natural afeição da mente humana que poderíamos chamar "ignorância consciente". Mais ligados aos fatos e menos à metafísica, os pensadores contemporâneos evidenciaram como a afirmação socrática fosse, porém, totalmente interna ao campo de forças do conhecido. As subversões teóricas geradas pelas pesquisas de Gödel, Heisenberg, Einstein atingiram os fundamentos das ciências exatas, conduzindo-nos em um mundo desconhecido, tão distante das intuições e dos conhecimentos anteriores que hoje estamos aqui – espantados e céticos para com nossa própria linguagem – a nos perguntar aonde chegamos. Aquilo de que temos certeza é que "não sabemos que não sabemos" e que qualquer que seja o sistema em que nos encontremos, somos obrigados, por suas assimetrias internas, a aceitar seus limites ou a superá-los passando para um sistema mais amplo e rico de meios lógicos. Nessa permanente oscilação entre incoerência e incompletude, as arquiteturas lógicas que até as primeiras décadas do século xx haviam afirmado a racionalidade científica – a oposição verdadeiro/falso, verificabilidade/falsificabilidade, sujeito/objeto, observador/observado – parecem hoje envolvidas por um cone de sombra, que se projeta sobre a própria certeza de que se possa conhecer a estrutura do mundo e a natureza humana.

A constatação dos limites de nosso conhecimento, todavia, não arranhou o fascínio e a maravilha que a natureza evoca ao pesquisador. Como um explorador do desconhecido, ele concentra sua mente em questões extremas que geram surpresa, arrebatamento, exaltação: os mesmos sentimentos experimentados, talvez, há milhões de anos, por nossos progenitores diante de fenômenos aos quais não sabiam dar um nome e que assim permaneceram mesmo quando conquistaram não apenas os meios indispensáveis à sobrevivência, mas também o bem-estar e o conforto. Aqueles enormes desafios de adaptação não conseguiram reprimir sua necessidade de conhecimento, uma necessidade inscrita na própria natureza humana.

O caminho do conhecimento – um caminho constelado de travessias, fascínios e descobertas – toca ápices dificilmente sobrepujáveis na enternecida exaltação da última viagem de Ulisses no Canto XXVI do Inferno da *Divina Comédia* de Dante Alighieri. No verso "Lancei-me às vagas do alto-mar aberto", Dante transfigura poeticamente a grandeza do homem, seu audaz ardor para além dos limites do mundo. Naquela empreitada árdua e arriscada – levar o próprio navio para além das colunas de Hércules, à época limite extremo do mundo – não há heroísmo, vaidade ou soberba. Ulisses desafia o oceano misterioso e imenso devido a uma implacável necessidade de conhecimento. Exorta os próprios companheiros de viagem a desafiar o desconhecido para corresponder a seu dever de homem, na perfeita consciência de que seu "louco voo" vai se concluir tragicamente entre as ondas por causa da dura condenação dos deuses.

A viagem de Ulisses rumo ao desconhecido é uma lição que nos alcança dos ápices da literatura medieval. Hoje como ontem, é o mistério do conhecimento a alimentar a necessidade de indagação do homem: na arte, na filosofia, na ciência. A pesquisa científica é uma luta sem fim com o mistério, com o enigma da beleza e de suas leis. Mesmo os mais rigorosos procedimentos racionais têm de se medir com uma ulterioridade irreprimível. Embora se alimente de evidências experimentais – dados, informações, averiguações conduzidas com métodos analíticos sofisticados –, a pesquisa científica revela a realidade apenas em um ponto, por vezes infinitésimo. De resto, o que seria uma descoberta a não ser uma simples circunstância, ainda que profunda e absorvente, da emergência de fatos à evidência natural? Mas os fatos não são imunes às teorias. Os fatos, sobre os quais a ciência constrói os próprios procedimentos, a própria neutralidade, e até mesmo a própria suposta pureza, são produtos históricos, estratificações ideológicas, até mesmo míticas, sedimentadas no tempo. E, afinal, quase nunca a realidade corresponde às expectativas e às conjeturas de um cientista. Isso é tão mais evidente a toda vez que os próprios fatos desmentem suas hipóteses; ou quando, voltando-se para trás, ele vê que o enorme esforço empregado só trouxe como recompensa resultados insignificantes.

Se reconhecermos como digno de valor científico o que intuímos (mas que ainda não sabemos demonstrar), então é necessário admitir que as coisas devem ser objeto não só de demonstração, mas também de reconhecimento. Além do talento, da curiosidade, da insatisfação, é preciso que um pesquisador saiba apreender as "estruturas que conectam"[1], mas, sobretudo, que saiba atravessar níveis de realidade, fronteiras e confins: mesmo quando, ao chegar além da linha, for obrigado a reconhecer que tudo o que tinha visto até lá repentinamente encolheu.

Anos atrás, Marie Curie pronunciou essas palavras inspiradas:

> Pertenço às fileiras daqueles que apreenderam a beleza que é própria da pesquisa científica. Um cientista no laboratório não é apenas um técnico: encontra-se diante das leis da natureza como uma criança diante do mundo das fábulas. Não deveriam fazer as pessoas acreditarem que o progresso científico pode ser reduzido a um mecanismo, a uma máquina, a uma engrenagem: coisas que, aliás, tem lá sua beleza. Não acredito sequer que o espírito do empreendimento científico ameace desaparecer de nosso mundo. Se nisso tudo que eu percebo há alguma coisa vital, é precisamente o espírito de aventura que parece inextirpável e que se liga à curiosidade. (apud Fischer, 1977[2])

Com efeito, não é uma *curiositas* momentânea ou a propensão a medir e decompor o que impulsiona um indivíduo em direção à pesquisa, mas o fascínio exercido pela realidade, o espanto que deriva do reconhecimento, simples e ao mesmo tempo vertiginoso, de que as coisas existem. É o maravilhar-se pela existência das coisas, precisamente como uma criança que olha o mundo, a abrir o caminho do conhecimento e a fazer com que exclamemos "como tudo isso é extraordinário!". É o mistério a fazer que olhemos além da superfície das coisas e interroguemos o mundo.

---

1. Gregory Bateson, *Mente e natura: un'unità necessaria*, tradução de G. Longo, Milão: Adelphi, 1986. Ed. bras.: *Mente e natureza: a unidade necessária*, tradução de Claudia Gerpe. Rio de Janeiro: Francisco Alves, 1986.
2. Ernst Peter Fischer, *Aristotele, Einstein e gli altri*, tradução de Corrado Sinigaglia, Milão: Raffaello Cortina, 1977.

Intuição e revelação

A mais bela e profunda emoção que podemos experimentar – anota Einstein – é o senso do mistério. Nisso reside a semente de toda arte, de toda ciência verdadeira. O homem para quem o sentimento do mistério já não for familiar, que já perdeu a capacidade de se maravilhar e humilhar diante da criação é como um homem morto, ou ao menos cego [...]. Ninguém pode se furtar a um sentimento de comoção reverente ao contemplar os mistérios da eternidade e da estupenda estrutura da realidade. Basta que o homem tente compreender apenas um pouco esses mistérios, dia após dia, sem nunca desistir, sem nunca perder essa sagrada curiosidade. (apud Brian, 1996[3])

Nasce no mistério e no assombro o movimento de nossa busca. Aquela sensação de mistério e de assombro que nos leva a ficarmos curvados dias a fio investigando as sutis arquiteturas de um objeto ou a questionar um texto até os limites do sentido, da lógica, do nosso próprio pensamento. É o rigor analítico, junto com a capacidade de apreender a complexidade, a ordem, a regularidade, a beleza do objeto de estudo, a levar um cientista a tentar penetrar a realidade em toda sua dimensão quantitativa: exigência, essa, que não nasce de paixões frias, de um conceito procedural despótico[4] ou de uma tendência ingênua a criar modelos, mas da admiração pela realidade, de uma peculiar energia afetiva que impele o pesquisador a penetrar a realidade em seus possíveis significados. O entusiasmo de sondar todos os mais íntimos mistérios da natureza é irresistível. Se estudamos um objeto, se desejamos conquistar seus segredos mais recônditos é porque, de algum modo, ele já nos conquistou. De resto, as próprias ideias que possuímos por sua vez nos possuem. Esse apego pode gerar prazeres emocionantes, mas por vezes também alienação, solidão, isolamento. Assim, se é verdade que o conhecimento é inseparável da existência, é possível, todavia, não ficarmos presos na armadilha, desenhando uma distância de nossas paixões sem que elas se atenuem ou dissolvam. Podemos viver a paixão pelo conhecimento e

3. Denis Brian, *Einstein: A Life*. New York: Wiley & Sons, 1996. Ed. bras.: *Einstein. A ciência da vida*, tradução de Vera Caputo. São Paulo: Ática, 1998.
4. Eric Kandel e Jeffrey Schwartz, *Principles of neuronal science*, Nova York: Elsevier North Holland, 1981. Ed. bras.: *Princípios da neurociência*. 4ª ed., tradução de Ana Carolina G. Pereira. São Paulo: Manole, 2003.

controlá-la com (e para) o conhecimento. A verdade está além do princípio de prazer e de qualquer reflexo narcisista.

Seja qual for o período da história ou o contexto cultural em que vivem ou atuam, os cientistas têm por missão a busca da verdade e, ao mesmo tempo, a responsabilidade dos efeitos (intencionais e não) de seus procedimentos. Na história, as comunidades científicas frequentemente tiveram consciência disso, convivendo por muito tempo com problemas éticos, reconhecendo à ética a autonomia que lhe cabe. Federigo Enriques[5], matemático e pensador rigorosamente laico e racionalista, escrevia que a ciência pela ciência é uma fórmula destituída de conteúdo social, que o saber pode fornecer à vontade apenas os meios e não os fins da atuação e, portanto, seria insensato procurar na ciência as normas da vida. Um cientista interpreta a necessidade de cada homem de alcançar o limite da experiência sensível. Assim como a filosofia e a arte, a descoberta científica é, ao mesmo tempo, beleza irreproduzível e novo começo. Nunca será uma meta que encerra a busca. A meta está na própria busca. Nela vive o amor pelo que é buscado.

Intuição, criatividade e descoberta

Descobrir é apreender aquilo que numa evidência natural permanece invisível e impensado. Todos sabemos que Newton deduziu o movimento de atração dos corpos em direção à terra da observação de um fenômeno aparentemente óbvio – a queda de uma maçã: hoje aquele fenômeno é para todos nós a "gravitação universal". Na realidade, na história da ciência muitas anedotas contam que na origem de uma descoberta houve, não raro, movimentos peculiares da mente. Karl Friedrich Gauss, por exemplo, intuiu as geometrias não euclidianas da imagem de um verdadeiro "clarão" que se impôs à sua mente; Friedrich August Kekulé, por sua vez, sonhou com uma serpente picando sua própria cauda, o que lhe revelou a fórmula, que buscava havia muito tempo, da estrutura cíclica do benzeno. A lista poderia continuar, mas aqui interessa ressaltar como cada descoberta implica capacidade inventiva e criatividade.

---

5. Federigo Enriques, *La theorie de la connaissance scientifique de Kant a nos jours*. Paris: Hermann, 1938.

Intuição e revelação

Sem uma emoção, um arrepio da inteligência, seria impensável qualquer criação, também para as inteligências científicas mais estruturadas[6]. Numa descoberta científica está em jogo uma apercepção repentina, um impulso intuitivo além das rígidas demarcações do pensamento racional[7]. Não há conhecimento sem intuição. Husserl distinguiu entre uma intuição eidética, que penetra a essência geral dos fenômenos (muito além dos preconceitos e dos julgamentos culturais), e uma intuição empírica, voltada aos objetos isolados. Liberta de qualquer regra formalizada, a intuição decide da validade de um problema específico, acompanhando uma descoberta científica do início ao fim[8]. A intuição é a própria fonte de novas ideias e, ao mesmo tempo, o momento de máxima tensão heurística da ciência. Não basta saber o que (e em que direção) investigar. Mesmo o mais apurado programa de pesquisa não pode abrir mão da intuição na pesquisa de um objeto ou de um nexo entre fenômenos.

Se criação e invenção são as expressões mais elevadas da consciência humana, elas são indissociáveis de um constante trabalho inconsciente que aspira à luz. Uma criação sempre nasce nas franjas de interferência entre consciência e inconsciente, no perturbador encontro entre uma pesquisa consciente, a ativação das fontes imaginário-oníricas e a emergência de energias arcaicas da mente. "O chamado gênio provém de um aquém da consciência, ilumina a consciência, ilumina-se mediante a consciência e escapa à consciência"[9].

Há alguns anos, Popper[10] disse que a descoberta científica se parece com a tentativa de explicar narrando histórias, com a construção dos mitos, a imaginação poética: noutras palavras, teria mais a ver com a arte do que com a ciência. Uma metodologia da descoberta científica pode fornecer apenas rigorosas indicações de procedimentos no que tange ao modo de investigação, nada mais. Aliás, foi precisamente o neopositivista Rudolph

---

6. Jacques Hadamard, *The mathematicians mind: the psychology of invention in the mathematical field*, Princeton, NJ: Princeton University Press, 1996. Ed. bras.: *Psicologia da invenção da matemática*, tradução de Estela dos Santos Abreu. Rio de Janeiro: Contraponto, 2009.
7. Edoardo Boncinelli, *Come nascono le idee*. Roma: Laterza, 2008.
8. Michael Polanyi, *Conoscere ed essere*, tradução de Arcangelo Rossi, Roma: Armando, 1988.
9. Gregory Bateson, *Mente e natureza: a unidade necessária*, op. cit.
10. Karl R. Popper, *Logica della scoperta scientifica*, tradução de de Mario Trinchero, Turim: Einaudi, 1995. Ed. bras.: *A lógica da pesquisa científica*, tradução de Leônidas Hegenberg e Octanny Silveira da Mota. São Paulo: Cultrix, 1974.

Carnap[11] a afirmar que a lógica (matemática incluída) se constitui de convenções sobre o uso dos signos e por tautologias realizadas com base nessas convenções. Na realidade, a ofensiva mais incisiva contra a ideia de que o homem seria provido de um aparato psíquico rígido e único, como Kant conjeturou, foi dado por Hans Reichenbach[12], outro eminente expoente do Círculo de Viena, que foi o primeiro a abordar o tema da distinção entre contexto da descoberta científica e contexto da justificação, que mais tarde foi admiravelmente retomado por Kuhn[13]. Antes de outros, Reichenbach compreendeu que a epistemologia não podia mais se iludir quanto à existência de estruturas estáveis do conhecimento, mas tinha de fundamentar a própria pesquisa em torno da multiforme constituição histórica da ciência. Passemos a ele a palavra:

> A lógica simbólica [...] é uma lógica dedutiva; ela trata apenas daquelas operações de pensamento que são caracterizadas por necessidade lógica. Mas a ciência empírica, além de utilizar largamente operações dedutivas, requer também uma segunda forma de lógica que, tendo a ver com operações indutivas, é denominada, precisamente, de lógica indutiva. O que distingue a inferência indutiva daquela dedutiva é o fato de que a primeira não é vazia, mas caracterizada por conclusões não contidas nas premissas. A conclusão de que todos os corvos são pretos não está logicamente contida na premissa de que todos os corvos observados até agora são pretos; essa conclusão poderia ser falsa, apesar da verdade da premissa. A indução é o instrumento de um método científico que deseja descobrir algo novo, algo mais que a síntese das observações já feitas; a inferência indutiva é o instrumento da previsão. Foi Bacon quem viu com clareza o caráter indispensável das inferências indutivas para o método científico, e seu lugar na história da filosofia é o de um profeta da

---

11. Rudolf Carnap, *La costruzione logica del mondo*, tradução de Emanuele Severino, Milão: Fabbri, 1966.
12. Hans Reichenbach, *La nascita della filosofia scientifica*, tradução de D. Parisi e A. Pasquinelli, Bologna: Il Mulino, 2003.
13. T. S. Kuhn, *La struttura delle rivoluzioni scientifiche*, tradução de Adriano Carugo, Turim: Einaudi, 1969. Ed. bras.: *A estrutura das revoluções científicas*, tradução de Beatriz Vianna Boeira e Nelson Boeira. São Paulo: Perspectiva, 2011.

indução [...]. Mas Bacon viu também os limites desse tipo de inferência, sua falta de necessidade, a possibilidade nela implícita de chegar a conclusões falsas. Seus esforços para melhorar a indução não lograram muito sucesso; as inferências indutivas formuladas no âmbito do método hipotético-dedutivo da ciência [...] são infinitamente superiores à simples indução baconiana. Todavia, nem esse método tem condições de garantir a necessidade lógica; suas conclusões podem resultar falsas, tampouco o conhecimento indutivo conseguirá alguma vez alcançar a confiabilidade da dedução [...]. A interpretação mística do método hipotético-dedutivo como busca conjetural irracional se origina da confusão entre contexto da descoberta e contexto da justificação. O ato da descoberta escapa à análise lógica; não há regras lógicas em cujos termos possamos construir uma "máquina descobridora" que desempenhe a função criativa do gênio. Por outro lado, não cabe ao lógico esclarecer a gênese das descobertas científicas; tudo o que ele pode fazer é analisar a conexão entre os elementos irrefutáveis e as teorias avançadas para explicá-los. Noutras palavras, a lógica trata apenas do contexto da justificação. E a justificação de uma teoria em termos de dados de observação é o objeto da doutrina da indução. (apud Negri, 1991[14])

Um pesquisador constrói pontes entre a imaginação e a realidade a partir de espaços extrarracionais. Ao indagar sua mente, ele se abre para imagens, conexões, encontros inéditos que tornam a questionar a relação hierárquica entre pensamento conceitual e pensamento não conceitual. Nessa pesquisa, as metáforas são muito mais que mera introdução à racionalidade: são impressões, experiências, associações projetadas do fundo da consciência ao pensamento. Muitas vezes é precisamente uma metáfora a permitir que o pensamento alcance as proximidades do impensado. Por outro lado, no conhecimento nem tudo pode ser imputável à experiência: não raro é a experiência a ser imputável à imaginação. Como poderíamos ver o tempo ou o espaço, a não ser a partir de uma imagem? As metáforas se referem ao mundo como iluminações oblíquas sobre nexos impossíveis de ser derivados logicamente. Por isso certa ciência, com seus procedimentos

---

14. Antimo Negri, *Novecento filosofico e scientifico*. Milão: Marzorati, 1991.

lógicos (que fazem com que ela ganhe clareza, mas com que perca sentido), procura pô-las à margem. Mas sequer o pensamento lógico mais exigente pode abrir mão delas.

Arquiteturas neurais da criatividade

Que seja o resultado de longas e laboriosas pesquisas ou um evento inesperado, uma descoberta produz descontinuidade com relação a uma situação anterior. Mas em que sentido uma descoberta gera inovação? E, antes ainda, o que significa inovação? Apesar da ampla utilização do termo e das mais diferentes interpretações, faltam respostas satisfatórias. Sabemos, porém, que alguma coisa – uma ideia, um processo, um produto e outros mais – pode ser considerada inovadora se introduzir mudanças tangíveis no interior de um sistema. E, todavia, isso não reduz a distância do problema fundamental, que diz respeito à própria natureza do conceito de inovação.

A inovação sempre foi campo de indagação dos economistas. Entretanto, evidências recentes no âmbito das neurociências cognitivas mostram a insuficiência dos estudos tradicionais. Que diga respeito à ciência, à técnica, ao empreendimento ou à arte, a análise do fenômeno inovação deve passar em primeiro lugar pela identificação das estratégias originais e criativas mediante as quais nossa mente gera imagens[15] e torna a combiná-las com associações lógicas originais, até fantásticas. Em um processo inovador, como num prisma dinâmico, misturam-se elementos lúdicos e procedimentos lógicos, informações aparentemente banais e movimentos criativos, visões convencionais da realidade e hipóteses que se combinam quase casualmente, fora de uma lógica estruturada. A elaboração de uma solução ocupa diversas áreas do cérebro. Aquela descarga quase elétrica que alguns indicam como o momento do ah! – a feliz plenitude do conhecimento que Pascal descreveu intensamente com "Felicidade, Felicidade, Lágrimas de Felicidade, Certeza!" – parece ser provocada por uma explosão de atividades neurais de alta frequência que se dissemina no lóbulo temporal direito de

---

15. Santo Di Nuovo, *Mente e immaginazione. La progettualità creativa in educazione e terapia*. Milão: Franco Angeli, 1999.

nosso cérebro[16]. Recentemente, em um experimento que envolvia o sistema visual foi relevada a presença, no cérebro, dos denominados "resolutores de problemas sistemáticos", que intensificam a atenção dos examinandos com relação à tela antes do aparecimento das palavras, gerando assim um estado de alerta do córtex visual dos sujeitos interessados. Na situação oposta, em coincidência com os fenômenos de intuição criativa, a atividade do córtex visual se "desligava" por um instante, como se fechar os olhos eliminasse qualquer outro dado sensorial: fortalecendo, de um lado, a prevalência do sinal sobre o ruído e determinando, de outro, maior concentração e a ligação mais intensa com as esferas do inconsciente[17].

Como Alberto Oliverio[18] esclareceu, é possível estudar a criatividade (faculdade estritamente implicada nos fenômenos inovadores) em relação às diferentes e opostas funções dos hemisférios cerebrais: de um lado, as atividades lógico-simbólicas que dependem das estruturas e das funções da linguagem (hemisfério esquerdo); do outro, as atividades globais, ligadas à emoção e à criatividade (hemisfério direito). Se o hemisfério esquerdo exerce um papel prevalecente nas atividades simbólico-linguísticas e nas formas de pensamento lógico-computacionais, o hemisfério direito entra em jogo na leitura de conjunto da realidade: pela capacidade de tratar as informações visuais e espaciais, pelo seu envolvimento nas atividades musicais, nas emoções, no pensamento analógico. Este último, em especial, fundamentado em procedimentos diferentes da organização lógica da linguagem, tem a capacidade de generalizar e apreender analogias da realidade graças às quais adequamos nossos conhecimentos e nossos esquemas mentais a alguma coisa desconhecida. A analogia é um aspecto relevante da inovação porque dá vida àqueles fenômenos de combinação e recombinação de ideias dos quais emergem aspectos da realidade que antes pareciam sem correlação[19]. A analogia, no entanto, é também um mecanismo (e um procedimento) de seleção das ideias cujos efeitos modificam sistemas

16. Rex Jung et al. "Neuroanatomy of creativity", *Human Brain Mapping* (Minneapolis), 31(3), pp. 398-409, 2010.
17. Rosalind Arden et al. "Neuroimaging creativity: a psychometric view", *Behavioural Brain Research* (Amsterdã, Londres e Nova York), 214(2), pp. 143-156, 2010.
18. Alberto Oliverio, *Come nasce un'idea: intelligenza, creatività, genio nell'era della distrazione*. Milão: Rizzoli, 2006.
19. Eric von Hippel, *The sources of innovation*. Nova York, Oxford: Oxford University Press, 1988.

e teorias. Baseando-se em sequências selecionadas pela própria memória, com a adequação da fonte do conhecido ao desconhecido[20], a analogia excede amplamente o âmbito artístico: com efeito, intervém também na pesquisa científica, propiciando o surgimento de teorias originais.

Embora seja aparentemente estranha a nosso modo habitual de enfrentar a realidade, a tendência a classificar sistematicamente o mundo é uma característica humana inata. Mas como afinar e potencializar o pensamento analógico para nossa economia cognitiva? Primeiramente, admitindo o papel crucial da lógica divergente própria do hemisfério direito – uma conjugação da lógica natural da qual falou brilhantemente Carlo Cellucci[21] –, um papel até aqui posto à margem porque em conflito com a racionalidade própria do hemisfério esquerdo. Depois, reconhecendo que um pensamento inovador brota de atitudes específicas do hemisfério direito (saber observar, fazer experiências divergentes, abandonar-se ao jogo e à fantasia) e se enriquece de experiências não ordinárias. De fato, quanto mais rico e irregular for nosso patrimônio cultural e de experiências, tanto mais seremos capazes de apreender novos pontos de vista, elaborar hipóteses, construir cenários insólitos e aparentemente impossíveis. Mas não basta. Inovar requer também resistência ao conformismo, tolerância às frustrações, coragem de afirmar as próprias ideias contra as opiniões correntes. É preciso coragem para afirmar alguma coisa autenticamente nova: na ciência assim como em qualquer outro campo da ação humana.

Concorrência como descoberta

Numa sociedade sem concorrência, destituída de mobilidade e fundamentada na renda, os motivos de inovação custam a aparecer. Um mundo imóvel não tem necessidade de mudar. Aliás, é hostil à mudança. Decerto esse não é o lugar para discutir sobre isso, mas é iluminador, para nosso discurso, o exemplo da primeira revolução industrial, evento que marcou uma época e que rompeu equilíbrios sociais preexistentes. Nas sociedades agrárias e aristocrático-feudais, o ganho de um indivíduo correspondia à

---

20. Alberto Oliverio *La vita nascosta del cervello*. Milão: Giunti Editore, 2009.
21. Carlo Cellucci, *Le ragioni della logica*. 5ª ed. Roma-Bari: Laterza, 2008.

perda de outro; além disso, a ideia da produção de riqueza em larga escala era considerada como uma heresia grave. A revolução industrial fez aparecer uma doutrina econômica que inverteu a visão da economia como "jogo de soma zero", segundo a qual os bens (terra, ouro e assim por diante) eram escassos e não reproduzíveis. Tem início o declínio da primazia produtiva da agricultura. O dinamismo industrial, com efeito, torna um bem artificial reproduzível à vontade. A acumulação e o excedente se tornam ocasião de bem-estar para todos. A ideia de que produzir riqueza não tira nada de outros iniciou assim seu longo e tortuoso caminho.

Toda inovação modifica a realidade que encontra. O que até aquele momento era impensado, considerado errado ou impossível, se torna realidade. Em uma ordem social, condição de possibilidade da inovação é a concorrência entre ideias e programas de pesquisa. Para definir uma ordem concorrencial, Hayek[22] adotou o termo catalase (do grego *katallattein*), que originariamente significa "trocar", "admitir na comunidade", "tornar-se amigos a partir da inimizade". Muito mais fascinante, porém, é a interpretação de catalase no sentido de "concorrência como descoberta": isto é, a concorrência que se alimenta do livre jogo dos conhecimentos individuais, fator insubstituível de inovação e invenção, ordem da liberdade nas múltiplas interações da ação humana.

Perguntas legítimas e ilegítimas

A civilização contemporânea está numa virada difícil de sua história. A excepcional quantidade de informações que circulam, se de um lado concorreu para a criação de um mundo de "expectativas crescentes", do outro enfraqueceu a criatividade individual, transformando o conhecimento em mera *curiositas*. O caminho (outrora difícil) do conhecimento se tornou um simples trânsito rumo a uma meta seguinte, uma passagem para a rápida obtenção de um objetivo. Derivou daí um aviltamento do conhecimento que é, ao contrário, abertura ao acontecimento das coisas, exploração do

---

22. Friedrich von Hayek, *Legge, legislazione e libertà*, tradução de Pier Giuseppe Monateri. Milão: Il Saggiatore, 1986. Ed. bras.: *Direito, legislação e liberdade: uma nova formulação dos princípios liberais de justiça e economia política*, tradução de Maria Luiza X. de A. Borges. São Paulo: Visão, 1985.

desconhecido. Pensar, conhecer, descobrir é tornar a própria evidência das coisas um problema: sempre há um além, um fundo do fundamento a ser alcançado. Esse é o sentido da pesquisa para os indivíduos felizmente obcecados pelo desejo de conhecimento e pelo prazer da descoberta.

Em nossas instituições de formação se insinua, ao contrário, uma insídia perigosa: a banalização, um perigo que já se tornou parte dos próprios mecanismos do ensino. A tentativa de moderar o inevitável cansaço do saber teve por resultado a inatural autorreferencialidade institucional, a separação de qualquer sentido. Assim, a vertiginosa expansão das liberdades individuais encontra à sua frente um sistema escolar uniformizador que, com sua rigidez administrativa e seu inatural papel de "agência de socialização", está achatando o conhecimento, tornando árduo o caminho que de uma pergunta viva leva a um objetivo compartilhado.

Mas para que serve uma educação que banaliza programaticamente tudo aquilo (pouco) que toca e absorve? E mais: para que serve a escola (em que o termo "servir" indica ambiguamente conhecimento elementar, funcional, mas a serviço de alguma coisa)? Observava, há alguns anos, Von Foerster[23]:

> Já que nosso sistema educacional é destinado a gerar cidadãos previsíveis, ele mira a amputar aqueles indesejáveis estados internos que geram imprevisibilidade e novidade. Isso é demonstrado de maneira incontrovertível por nosso método de verificação, o exame, durante o qual só se fazem perguntas das quais já se conhece (ou já está definida) a resposta, que o estudante deve decorar. Essas perguntas eu vou chamá-las de "perguntas ilegítimas". Não seria fascinante pensar em um sistema educacional que objetivasse desbanalizar os estudantes, ensinando-lhes a fazer "perguntas legítimas", perguntas das quais não se conhece a resposta?

Uma escola inspirada no conformismo e nos lugares-comuns corre inevitavelmente o risco de se transformar numa escola servil, submissa a uma ideologia hegemônica, a um poder político, a uma *doxa* qualquer. A escola das origens era, ao contrário, uma coisa totalmente diferente.

---

23. Heinz von Foerster, *Sistemi che osservano*, tradução de M. Ceruti e U. Telfner, Roma: Astrolabio, 1987.

A *scholé* grega clássica era consagrada ao conhecimento inicial: um tempo separado da vida da cidade, do trabalho, e que, precisamente por isso, era de preparação à vida. Dirão: era uma maneira aristocrática e não repetível! Verdade. Mas como não ver que precisamente a recuperação daquelas funções insubstituíveis seria a resposta mais eficaz às revoluções científicas, culturais e tecnológicas em curso? Como não ver que uma escola que se estrutura em conhecimentos técnico-utilitários é uma resposta fraca aos gigantescos problemas de nossos tempos? Como não ver que, enquanto tudo muda numa velocidade sem precedentes, um conhecimento básico nivelado e uniforme é um instrumento velho e imprestável? Como não ver, enfim, que, para aguentar o choque desnorteante de um mundo em permanente mutação, os conhecimentos básicos devem contemplar em seu bojo perguntas de sentido, capacidades de aprendizado autônomas, possibilidades de autoeducação?

Thaumazein: a conversão do olhar

Conhecer não é espelhar-se nas coisas do mundo. Ilusões perceptivas, *bias* cognitivos e muito mais assediam permanentemente nosso julgamento. Ao traduzir e reconstituir linguagens, ideias e teorias, nosso conhecimento fica naturalmente exposto ao risco do erro, porque influenciado por interpretações, visões de mundo, hierarquias de valores, expectativas, esperanças, emoções. Trata-se de questões que concernem, de perto, tanto à filosofia quanto à ciência. A filosofia não pode limitar-se a produzir apenas argumentações ou, no sentido oposto, visões de mundo desprovidas de argumentações. Há muito mais para além do conhecimento puro. Tarefa da filosofia, como Wittgenstein[24] queria, é dissolver os enigmas da linguagem (mesmo a científica). É a linguagem, com efeito, a nos impelir para o coração das trevas de nossa racionalidade. É por isso que uma argumentação filosófica tem o dever de clareza e sua tarefa é, antes de mais nada, a do esclarecimento conceitual.

A ciência, por seu lado, é um instrumento poderoso de identificação dos erros e de controle racional das ilusões. Por mais rigorosa que seja, ela não pode evitar os erros em seu interior, ou enfrentar sozinha as questões – éti-

---

24. Ludwig Wittgenstein, *Ricerche filosofiche*, tradução de Mario Trinchero, Turim: Einaudi, 1999. Ed. bras.: *Investigações filosóficas*. 6ª ed., tradução de Marcos G. Montagnoli. Petrópolis: Vozes, 2009.

cas, epistemológicas ou outras – que a importunam. Para a ciência, é urgente decidir quanto ao próprio estatuto, de outro modo a antiga e artificiosa controvérsia entre as diferentes formas de conhecimento científico – isto é, se a veracidade de uma teoria seria mais função de juízos de natureza subjetiva do que de um determinismo causal – estaria inevitavelmente destinada a se exacerbar. Que a objetividade matemática seja indiscutivelmente eficaz nas ciências físicas não significa que a realidade toda deva ser regida por um princípio de racionalidade análogo. A natureza física é apenas uma parte do mundo, e não parece haver razões plausíveis para que as regras daquela única parte tenham de valer para o resto do mundo.

Por muito tempo os critérios de objetividade das ciências físicas dividiram as ciências. Para ser digna desse nome, uma ciência tinha que, necessariamente, definir seu objeto e as variáveis segundo as quais explicar e prever os fenômenos observados. Mas semelhante ideia de ciência, seja qual for seu conteúdo, privilegia certezas e respostas em detrimento das perguntas e está mais próxima de uma visão de mundo do que de uma visão da ciência. Uma visão da ciência, ao contrário, deveria se interessar, antes de tudo, em perguntas, experimentação, descoberta de novas leis da natureza.

Alguns pensadores e cientistas contemporâneos – entre os quais Paul Davies, Richard Dawkins, Daniel Dennet, Niles Eldredge, Roger Penrose, Steven Pinker e outros – afirmam a necessidade urgente de se subtrair dessa oposição. Embora a custo, está nascendo uma nova concepção da objetividade científica que evidencia o aspecto complementar e não contraditório das ciências experimentais e das ciências narrativas. Essa concepção não inaugura outro tipo de ciência. Nem questiona a tradição clássica. Antes, é a tentativa de renovar o objeto da pesquisa nessa mesma tradição (que é tradição de invenção) mediante uma linguagem que torne compreensíveis os processos e os eventos que as ciências tradicionais definiram até aqui valendo-se de aproximações fenomenológicas. Tudo isso com a consciência de que, se é verdade que até agora nem a ciência nem a filosofia podem nos dizer muito sobre inúmeras questões – a relação mente e corpo, a consciência e mais –, é igualmente verdade que tanto a ciência quanto a filosofia têm em comum os mesmos problemas.

Epifanias da memória

*Nada é comparável. Existe talvez alguma coisa
que não seja inteiramente sozinha consigo mesma e indizível?
Em vão damos nomes, só nos é dado aceitar
e concordar que talvez aqui um relâmpago, ali um olhar
tenha nos renteado, como se viver nossa vida consistisse precisamente nisso.
Quem se opõe perde
a própria parte de mundo. E quem compreende demais
deixa escapar o encontro com o Eterno. Às vezes,
em noites grandes como essa, estamos
quase fora de perigo, ao ler papéis iguais
parcelados entre as estrelas. Imensa multidão.*
RAINER MARIA RILKE

Lembrar é uma das esferas mais misteriosas e fascinantes de nossa atividade psíquica, desde sempre no centro de reflexões e pesquisas nos mais diversos âmbitos teóricos e experimentais: da mística ao racionalismo, das neurociências à antropologia e muito mais. Embora os gregos distinguissem nitidamente a dimensão cronológica da pura reflexão sobre o tempo, acreditavam que as lembranças fossem da mesma matéria que o tempo. Assim, embora o tempo dos homens, o tempo cósmico e o tempo religioso constituíssem aspectos diferentes de um mesmo problema, em sua visão o tempo dos homens tinha nexos estreitíssimos com as categorias antropológicas e existenciais: em primeiro lugar com a linguagem, fenômeno eminentemente humano que projeta a língua na dimensão temporal.

O fascínio singular da lembrança se deve, todavia, ao poder da anamnese. Nas épocas de historiografia verbal, a capacidade de rememorar eventos passados assumia significados de caráter até mesmo sacro. Naqueles sistemas sociais em que a escritura ainda era desconhecida, o único arquivo era a lembrança. Não foi diferente em épocas seguintes, quando os elementos genealógicos foram filtrados e estabelecidos como sinais gráficos. Também naquela época o comentário oral continuou animando, até com matizes emotivos, a fria e árida sequência dos fatos. De resto, até épocas recentes cantores e aedos legaram-nos as mais diferentes histórias e narrações.

A "presentificação" do passado, mediante mnemosine, especialmente se de caráter dinástico ou sagrado, tinha um valor bem mais do que cognitivo. Como revelam os fragmentos homéricos e hesiódicos, ela mantinha unidos o mundo dos vivos e os mitos, anulando a distância entre passado e presente. Ao levar o homem de volta às origens, a memória se colore de poesia, transfigurando-se em expressões épicas nas composições de cantores e aedos. O arquivista mnemonista, guardião dos mitos e dos eventos épicos, tinha o privilégio de viver ao mesmo tempo no presente e no passado.

Todavia não é mnemosine quem estabelece um *continuum* temporal na vida do homem: é o olhar que, atento a indagar o passado, transforma a experiência do tempo, tornando o passado diferente do futuro. Alimentando-se de histórias distantes, mnemosine estende o olvido sobre as inquietudes do presente, doando imortalidade às coisas, subvertendo a antítese entre a vida e a morte. Ao nos levar de volta à origem, o passado nos repatria no ser. Aqui se origina aquela concepção cosmológica da memória da qual as produções arcaicas do pensamento grego e as reflexões de fundo escatológico carregam traços evidentes. Mnemosine não leva apenas ao *athanatos pege*, como escreve Virgílio no VI livro da *Eneida*, relatando a concepção pitagórica segundo a qual as almas que estão fadadas a buscar outro corpo bebem as águas desprovidas de inquietude do rio Lete (*Eneida*, VI livro, versos 714-715). Lete (o olvido) interrompe o ciclo das reencarnações e permite a volta à vida autêntica. Mediante a anamnese, o olvido se torna uma disciplina espiritual de purificação, um caminho para a ascese.

O exercício da memória afirma-se na escola pitagórica e nas múltiplas variantes do pitagorismo. Segundo Pitágoras, o que leva ao *télos* é o percurso às avessas pelos caminhos (e nas vidas) do passado. Se Alcmeones afirma que os homens morrem por ser incapazes de reunir início e fim, Epimênides acredita que somente o êxtase rememorativo permite reparar as culpas cometidas nas vidas anteriores. A saída da contingência do presente leva porém ao *kronos ageraos*, o tempo sacralizado. Não por acaso, cronos é representado por uma serpente cujas espiras se fecham circularmente.

Segundo Platão, se esquecimento e ignorância se identificam, a memória, ao contrário, é o caminho da alma rumo à verdade. Recordar não é mergulhar no tempo, mas sair do tempo, caminhar rumo ao mundo das ideias. No *Timeu*[1], verdadeira trilogia de alma, tempo e memória, Platão escreve:

> Em boa verdade, o que se aprende na infância, segundo se diz, fica admiravelmente retido na memória. Com efeito, o que ouvi ontem, não sei se eu o conseguirei trazer de novo à memória por completo, mas em relação ao que apreendi há já muito tempo, ficaria absolutamente admirado se me escapasse alguma coisa.

Safo, Arquíloco, Alceu e outros expressam, por meio de suas líricas, fermentos de novas ideias e de valores transformados. Em sua poesia o tempo torna a ser patrimônio do homem, nascente de conhecimento existencial inédito: as meditações sobre a morte e sobre o Hades têm marcas e entonações melancólicas e resignadas de grande intensidade. Basta pensar na dissimulada melancolia dos versos de Safo que aludem ao mundo dos mortos: "Alegria de viver já não tenho: me toma a vontade de morrer e de ver os lótus frescos de orvalho na margem do Aqueronte". Ou na tocante temporalidade de Anacreonte[2]:

> Grisalhas estão as têmporas, e a cabeça branca e os dentes caem; a querida juventude não é mais. Da doce vida pouco tempo me resta e amiúde choro e tenho muito medo do Tártaro. Tremenda é a voragem do Hades, e dolorosa a descida até lá; porque uma vez descidos, não mais subimos. Disse-me um sujeito: "Heráclito morreu". Chorando recordei a "pátria da amizade" de Calímaco: as tantas vezes que nós dois juntos esperávamos no ócio o cair do sol. E agora está lá, hóspede de Halicarnaso sabe-se lá há quanto tempo, onde não

---

1. Platão, *Timeo*, tradução de Giuseppe Zannoni, Faenza (Emilia-Romagna): Fratelli Lega, 1939. Ed. port.: *Timeu-Crítias*. Tradução, introdução e notas de Rodolfo Lopes. Coimbra: Centro de Estudos Clássicos e Humanísticos, 2011.
2. *Odes anacreônticas*, tradução de Jamil Almansur Haddad, Rio de Janeiro: José Olympio, 1952.

serás mais do que poeira. Mas viverão teus cantos de rouxinol. Nem sobre tudo o ávido Hades lançará suas mãos. (tradução livre)

Não passará muito tempo até que o desencanto e a desmistificação do mundo arrebatem mnemosine. Hipia, com sua mnemotécnica, conferirá à memória um papel mais propriamente psicológico. Os filósofos e os teólogos, que haviam criticado a concepção da recordação humana dos líricos, agora almejam soluções vertiginosamente abstratas: sair do tempo para se unir à olímpica indiferença de uma temporalidade cíclica e imóvel; remontar o rio do tempo mediante a anamnese, para encerrar o Kyklos (similar àquele cósmico dos astros) e se refugiar na atemporalidade; inscrever a cronologia do homem na periodicidade do cosmo ou na eternidade divina; conhecer-se mediante o retorno ao passado individual. Aristóteles afirma que a tarefa da memória não é aproximar-se do ser, mas determinar o cronos, mesmo quando permanece incompreensível, a testemunhar a insuficiência e a incompletude da condição humana.

A CIÊNCIA DA MEMÓRIA

Foi o psicólogo alemão Hermann Ebbinghaus a realizar os primeiros estudos científicos sobre a memória e a torná-los famosos, em 1885, junto da comunidade científica. Mediante o cálculo do número de provas e do tempo necessário para o aprendizado de uma série de listas compostas pelo mesmo número de "sílabas sem significado", Ebbinghaus identificou uma curva de aquisição das informações calculando a relação entre o tamanho das listas de sílabas recordadas e o número de apresentações necessárias. Essa curva de retenção salientava a fragilidade do traçado mnêmico que se formava. Com o passar das horas, de fato, a eficácia da retenção ia rapidamente diminuindo. Pesquisas que se seguiram[3] salientaram que uma série de fatores, quer positivos quer negativos, sucessivos à aprendizagem, influenciavam os mecanismos de retenção. Nessas bases – e muito antes que seus fundamentos neurofisiológicos fossem conheci-

---

3. Georg Müller e Alfons Pilzecker "Experimentelle Beiträge zur Lehre vom Gedächtnis", *Zeitschrift für Psychologie. Ergänzungsband* (Leipzig), 1(1), pp. 1-300, 1900.

dos – foi concebido o conceito de traçado mnêmico: termos como memória de curto prazo, memória de longo prazo, interferência, consolidação e esquecimento, tão largamente usados na prática clínica, foram introduzidos com base em experimentos sobre o aprendizado de listas de dados e sílabas sem sentido.

As pesquisas de Ebbinghaus, Müller e Pilzecker e de outros estudiosos, ao longo do século XX[4], abriram caminho à exploração neurofisiológica da memória. Hoje, grupos de pesquisa no mundo inteiro tentam responder a tais questões com a utilização de refinados métodos de imagens cerebrais na esperança de conhecer logo e mais aprimoradamente o funcionamento da memória humana. Por exemplo, nesses últimos anos os neurocientistas descobriram que nosso cérebro atua mediante um duplo sistema de memória: uma memória explícita ou declarativa e uma memória implícita não declarativa[5]. O primeiro sistema é a memória autobiográfica, que pode ser evocada e verbalizada conscientemente, permitindo a reconstrução da própria história pessoal; o segundo sistema é a memória implícita, uma memória inconsciente e que não pode ser verbalizada, que diz respeito a diversas formas de aprendizado e que não está diretamente envolvida nos processos da lembrança.

As páginas escritas por esses e outros estudiosos contribuíram para o conhecimento da memória e dos mecanismos de aprendizado. Todavia, muitas perguntas ainda permanecem sem resposta: por exemplo, aquelas relativas à localização dos processos de memória, às alterações da memória ao longo do aprendizado, aos fatores de inibição dos processos de memorização, à continuidade mnêmica da vida da consciência como estrutura da ciência crítica e da capacidade de reflexão. Ainda há muito caminho à nossa frente para esclarecermos esse fascinante e misterioso problema.

---

4. Donald Hebb, *The organization of behavior: a neuropsychological theory*. Nova York: Wiley, 1949; Brenda Milner, "Memory and the temporal regions of the brain", in K. H. Pribram e D. E. Broadbent (orgs.), *Biology of memory*. Nova York: Academic Press, 1970; Karl Lashley "In search of the engram", in *Physiological mechanisms in animal behavior*, Symposia of the Society for Experimental Biology (Symposium 4), Cambridge (Reino Unido), pp. 454-482, 1950.
5. Larry Squire e Alberto Oliverio, "Biological memory", in P. Corsi (ed.), *The enchanted loom. Chapters in the history of neuroscience*. Nova York: Oxford University Press, pp. 338-340, 1991; Daniel Schacter, *Searching for memory: the brain, the mind, and the past*. Nova York: Basic Books, 1996.

Lembrar e lembrar-se

Lembrar e lembrar-se tem a ver com o conjunto das atividades da mente. A formação da memória é favorecida pelos mecanismos de fixação (formal, lógica e assim por diante) e por fatores como a afetividade, a repetição, as associações (analógicas, por contraste ou continuidade): em suma, pelos fenômenos da evocação, da reprodução e do reconhecimento. A rememoração dos conteúdos de memória (espontânea, insólita) ou, ao contrário, a impossibilidade de rememorar as lembranças que sabemos ter – fenômenos recentemente relacionados com alguns esquemas dinâmicos da consciência que precedem as imagens concretas que integram as lembranças – são sem dúvida problemas dos mais complexos da psicologia contemporânea.

Há, todavia, que se perguntar: se tudo é interno à trama espaçotemporal de nossa existência, não seriam talvez, a identificação e o reconhecimento de uma lembrança passada, intuições do tempo? Graças à memória nós não reproduzimos apenas estados de consciência passados, mas integramos nossa vida psicológica presente com novas experiências. Aqui ainda parece válida a distinção entre lembranças como "estado" (por exemplo, a lembrança do rosto de alguém) e lembranças como "associações" (por exemplo, a lembrança dos versos de uma poesia). Há, ademais, uma memória afetiva[6] e uma memória *sui generis* determinada pela impossibilidade de evocar voluntariamente sentimentos ou afetos. O esquecimento – isto é, a eliminação de alguns traçados mnêmicos para dar espaço a outros, sobre cuja importância para a economia da vida psíquica todos já estão de acordo – faz distinções entre passado e presente. O enorme trabalho de neurocientistas e psicólogos para descobrir uma lei do esquecimento mostrou que a memória é uma atividade psíquica dinâmica, organizada e seletiva, que a cada instante tem por base a organização ordenada no tempo.

Embora muitos estudiosos considerem a memória um imutável arquivo de experiências e lembranças, aquilo que está guardado aí não está esculpido na pedra. As lembranças tendem a desbotar com o tempo, deformam-se, indo ao encontro de uma lenta decadência, de um esquecimento fisiológico. Tampouco é raro que elas gerem em nós sentimentos perturbadores de

---

6. Henry Pieron, *Les grandes domaines d'application de la psychologie*. Paris: Presses Universitaires de France, 1965.

estranheza, fragmentação, não pertença, até mesmo recombinações ilusórias de imagens e informações que se apinham em nossa mente, como um caleidoscópio. Memória e esquecimento, imutabilidade e reestruturação das lembranças – aspectos conflitantes e complementares de nossa mente – têm enorme valor evolucional. Com efeito, se por um lado a memória desempenha uma função adaptativa fundamental para a espécie humana, por outro, sem a capacidade de esquecer não poderíamos aprender nada de novo, não poderíamos corrigir nossos erros ou inovar velhos esquemas. Assim, se a memória tende a preservar a história individual e coletiva, o esquecimento tende a ofuscar progressivamente as lembranças infantis, os acontecimentos do passado, os empreendimentos coletivos, as antigas memórias. Não por acaso, os homens erguem monumentos e lápides para se defender do esquecimento.

Essa ambiguidade da memória não se deve apenas à sua natureza complexa, mas também a suas complicadas relações. A própria polissemia do termo – utilizado por biólogos, psicólogos, antropólogos, historiadores, para se referir a processos e situações muito diferentes entre si, embora unidas pela "flecha do tempo" – torna difícil o compartilhamento de um significado de fronteiras conceituais bem demarcadas. Na realidade, já a etimologia grega do termo – *mnêmê* e *anamnêsis* – reflete uma nítida distinção entre a memória, como esfera essencialmente intacta e contínua, e a reminiscência ou anamnésia, como recuperação das lembranças veladas pelo esquecimento (em *Mênon*, *Fedro* e outros Diálogos, Platão afirma que todo conhecimento verdadeiro, todo aprendizado autêntico é, na realidade, uma anamnese, um esforço para trazer à mente o que havia sido perdido no esquecimento).

Há uma suscetibilidade individual aos estímulos mnêmicos, por intensidade e persistência, que tem a ver com a complexidade do processo mnemônico e seus níveis de integração funcional[7]. Em correspondência a específicos correlatos neurofisiológicos, atividades psíquicas diferentes se integram entre si, permitindo ao sujeito perceber, aprender, fixar, guardar e, enfim, rememorar, na sequência, experiências ou objetos em forma de lembranças. Aqui é crucial a relação entre consciência, memória e tempora-

---

7. Daniel Stern, *Il mondo interpersonale del bambino*, tradução de A. Biocca, L. Biocca Marghieri, Turim: Bollati Boringhieri, 1985. Ed. bras.: *O mundo interpessoal do bebê: uma visão a partir da psicanálise e da psicologia do desenvolvimento*, tradução de Maria Adriana Verissimo Veronese. Porto Alegre: Artes Médicas, 1992.

lidade. O imperativo da relação entre memória e consciência – e, portanto, das lembranças como lembranças próprias – é testemunhado pelo fato de que as primeiras noções do tempo tomam forma com nossas primeiras lembranças. Ademais, até que ponto os processos afetivos influem na atividade mnemônica é demonstrado pelos frequentes erros cometidos nos testemunhos (não somente processuais) sobre os quais tanto se escreveu: erros, atenção, que frequentemente são cometidos em perfeita boa-fé e estão ligados ao diferente impacto emocional, à deformação da elaboração repetida ou à peculiar impressionabilidade individual.

É sempre a memória a guiar o comportamento nas diferentes circunstâncias, a tornar possível a "presentificação" do passado, o impulso em direção ao futuro, a representar o "pano de fundo" de uma consciência intencionada à lembrança. A psicologia da Gestalt contribuiu fortemente para o esclarecimento dos problemas ligados ao lembrar. Considere-se a "lei da pregnância", segundo a qual nós vislumbramos nos objetos a forma mais simples, mais simétrica, mais equilibrada. Wulff[8] perguntou-se se ela não seria aplicável também à memória. Por exemplo, sabemos que não guardamos as lembranças de nossas primeiras experiências de vida e que, sobretudo, de evocação em evocação, intervêm mudanças que transformam a memória. As leis que regem tais mudanças evidenciam que toda Gestalt procede por uma espécie de otimização. Ora, se na percepção essa "possibilidade" é limitada pelo conjunto dos estímulos existentes, na memória os traços se organizam conforme a chamada lei da pregnância.

Para os estudiosos da Gestalt a lembrança aflora não como um *rassemblement* de experiências seguidamente recompostas em algumas áreas do cérebro, mas como um processo que tende a devolver maior consistência à energia psíquica: uma percepção que tem como pano de fundo um passado. Quando esse pano de fundo falta – o contexto situacional, ordenador e referencial da lembrança –, verifica-se aquela memória de minutos, que na realidade é diferente da memória. A exploração psicanalítica relata frequentemente experiências desse tipo, junto com outros fatos curiosos: por exemplo, eventos passados, escassamente ligados aos eventos reais que aconteceram com o paciente quando criança, por vezes sem importância, que ele carrega consigo – fatos peculiares que aconteceram em uma deter-

---

8. Erich Wulff, "Der Hypochonder und sein Leib", *Nervenarzt* (Berlim e Heidelberg), 29, pp. 60-71, 1958.

minada idade que são recordados, ao passo que tantos outros mais significativos não deixam o menor rastro.

A memória é um processo criativo que deixa rastros apenas se alguma coisa tem significado para nós: sua forma é um reflexo do estilo de vida de um indivíduo, suas lembranças são projeções de seus desejos. Noutras palavras, a capacidade de recordar ou não eventos significativos do passado depende de sua decisão com relação ao próprio futuro. Nesse aspecto, há alguns pontos comuns importantes entre Gestalt e fenomenologia. Com efeito, os fenomenologistas consideram o "lembrar" e o "lembrar-se" aspectos cruciais da temporalização: é impossível lembrar sem um tempo pessoal e subjetivo, mesmo quando tudo se dá no signo da duração. Na lembrança, um indivíduo presentifica as próprias experiências, mesmo que o que muda seja a sua apresentação e não o conteúdo da experiência. Noutras palavras, muda a ordem de um passado que se re-presentifica com as características da percepção atual, mas com uma ordem temporal e uma prioridade diferentes: é esse o sentido da historicidade. A essa modalidade da lembrança associam-se outras maneiras – fabulações, recordações que emergem espontaneamente[9] – desligadas não apenas da história, mas também do presente.

Lembrar e lembrar-se implicam também uma plena capacidade de futurização. Quando desaparece a própria representação no futuro, toda possibilidade de se reconstituir no passado se perde, e com ela a própria possibilidade de se constituir numa comunidade de relações. Lembrar é voltar-se para as próprias experiências passadas, reevocando e reordenando material mnêmico, mas sobretudo reinventando o curso e as estações da própria vida. Lembrar-se, ao contrário, é o sentido de continuidade entregue às próprias experiências: uma ordem temporalizada da existência, uma reatualização do Eu, um reviver experiências importantes da própria história pessoal, na consciência do porvir e do desdobramento da própria personalidade. Não por acaso, em algumas desordens do lembrar-se temos um estranhamento das lembranças, uma incapacidade de recuperar lembranças distantes do Eu: o caráter pessoal, a reatualização dos eventos e das experiências de vida passada que se remetem ao Eu em primeira pessoa e a seu mundo privado. Os fatos não são mais reevocados conforme uma ordem gestáltica ou numa relação tempo-espaço objetiva. Aqui, as experiências mnêmicas assumem

---

9. Jean Guillaumin, *La génèse du souvenir*. Paris: Presses Universitaires de France, 1968.

o caráter que-diz-respeito-a-mim: não como um simples conhecimento de conteúdos, mas como um verdadeiro reviver a situação, tornar a propor-se como Eu-na-situação. Ou seja, entra em jogo a autoconsciência reflexiva como contraponto ao caráter voluntário da ciência crítica dos próprios atos de consciência.

O TEMPO ATEMPORAL DO PACIENTE MNÊMICO

Se a psicologia mostra a consistência teórica das teses, a psicopatologia relata suas incontestáveis evidências. Por exemplo, se na síndrome depressiva a rememoração das experiências é normal, na experiência maníaca a capacidade de sentir-se participativo e envolvido é comprometida, porque nos fatos evocados a presentificação é distorcida pelas urgências da mundanidade, bem diferente daquela que a recordação pode fazer reviver. Na esquizofrenia, por outro lado, temos a presença de uma lembrança típica dos distúrbios quantitativos da memória (hiper-ipo-amnésia) bem como dos qualitativos (alomnésia ou ilusão da memória, paramnésia ou alucinação da memória).

Muitas pesquisas contribuíram para o esclarecimento do valor do tempo na constituição da experiência individual. A experiência do tempo não é uma função da psique humana, mas um modo do porvir psicológico. Tudo o que emerge no campo de consciência tem uma imprescindível conotação temporal. Nesse sentido, falar de experiência significa remeter-se ao tempo.

Na amnésia, o tempo subjetivo e pessoal é desarraigado do tempo histórico. A noção de continuidade no tempo se perde, quase como se as impressões pessoais tivessem perdido a possibilidade de ser "classificadas" e só tenham a capacidade de utilizar ainda fragmentos temporais e segmentos de lembranças, cuja atualização é desprovida de uma continuidade histórico--sequencial. A própria experiência da duração (o sentimento e a cognição da duração) é profundamente transformada, quando não totalmente ausente.

A confabulação parece uma tentativa de preencher a lacuna de um tempo sem relação na existência com um tempo fictício e desancorado de todo contexto referencial e relacionado, precisamente, com o tempo atemporal da fabulação. Em muitos aspectos o distúrbio da noção (e da experiência) temporal explica por si os aspectos clínicos da síndrome amnésica. De fato, se dermos ao conceito de consciência também uma chave temporal, podemos enumerar os distúrbios mnêmicos entre as alterações da consciência reflexiva: aquele âmbito da consciência que está fora do imediatamente vivenciado, mas que está ligado, em sua continuidade histórico-significativa, ao anteriormente vivenciado.

Se negligenciássemos esses aspectos correríamos o risco de considerar a síndrome amnésica como um mero distúrbio associativo. Na realidade, como o paciente amnésico se projeta no futuro é um problema ainda a ser desvendado. A hipótese de uma profunda desorganização da "memória do futuro" nos faria pensar em um lembrar conforme o fantasmático, projetado em um amanhã desprovido de remissões ao presente e sobretudo ao passado.

Nostalgia: a escrita da ausência

> *Nunca soube onde me encontrava.*
> *Quando estava no Egito, estava na França.*
> *Desde que estou na Franca, estou algures...*
> *O estrangeiro não sabe mais qual é o lugar.*
> Edmond Jabès

> *As sereias possuem uma arma mais temível*
> *do que o canto, isto é, seu silêncio. Não aconteceu,*
> *não, mas se poderia pensar que*
> *alguém tenha se salvado de seu canto, não*
> *de seu silêncio.*
> Franz Kafka

> *Se quisermos admirar o Cruzeiro do Sul,*
> *teremos de ultrapassar o equador e esperar*
> *que a noite desça. Se quisermos ver*
> *uma vertente da physis, ou um aspecto de*
> *kalos kagathos, teremos de empreender*
> *outra viagem, sem dúvida mais difícil.*
> Cornelius Castoriadis

> *Voltei para lá,*
> *onde nunca tinha estado.*
> *Nada, de como não foi, havia mudado.*
> Giorgio Caproni

> *[...] e, cego, procurei alguma coisa que pudesse reconhecer,*
> *pois eu era estranho àquelas largas ruas.*
> Friedrich Hölderlin

> *A estrada não serve para nada, está lá para todos, mas nem todos devem segui-la. Um dia deveria poder haver uma troca recíproca entre o Eu reencontrado e um eu futuro, que não pode ser aquele passado. Sem esforço, sem doença, sem pesar.*
> Ingeborg Bachmann

O que é a nostalgia e que relação ela entretém com o tempo? Em um ensaio de 1799, Kant observa que a nostalgia não é a necessidade de retornar a algum lugar, mas o desejo de reviver o tempo vivido naquele lugar. O filósofo de Königsberg foi o primeiro a apreender o vínculo entre nostalgia e tempo ou, melhor dizendo, a inscrever a nostalgia no horizonte do tempo. Pensar a nostalgia significa, de fato, antes de mais nada, retornar à questão do tempo – questão muito diferente daquela do espaço, se é verdade que podemos nos mover de um ponto a outro do espaço (retornar, por exemplo, a um lugar onde eu já estive), no tempo isso é impossível. O tempo não volta mais. Aquele rio de instantes que chamamos tempo não pode remontar à correnteza. Nostalgia é, portanto, um tempo que não nos pertence mais, um tempo concluído. A possibilidade de voltar àquele lugar e, ao contrário, a impossibilidade de retornar para aquele tempo – um espaço que podemos ainda percorrer e um tempo que não pode mais voltar – está na origem do sentimento que chamamos nostalgia.

No plano etimológico, o termo nostalgia tem raízes no prefixo *nostos* (retorno) e no sufixo *algia* (dor). Foi usado, pela primeira vez, na segunda metade do século XVII, para indicar uma doença que atingia os soldados suíços enviados para servir em guarnições estrangeiras e era caracterizada por uma tristeza profunda, por uma intensa e dilacerante necessidade de voltar à própria terra, à própria pátria, à própria casa. Entre os séculos XVII e XVIII, os médicos chegaram a considerar essa doença até mortal. Na realidade, não foi observada apenas entre os soldados suíços, mas também entre as mulheres suíças e francesas que tinham ido a países estrangeiros em busca de trabalho. Mais tarde foi classificada como doença colonial. O *mal da África*, por exemplo, foi considerado por muito tempo uma verdadeira desordem mental. É interessante observar que os soldados, como relatam as fichas clínicas da época, uma vez em casa, saravam. Aliás, para que se curassem, a promessa de licença já era suficiente. Naturalmente tratava-se de uma cura ilusória. O lugar de onde tinham partido muito tempo antes já não existia. Estava definitivamente mudado. E também eles próprios.

Se por cerca de dois séculos a nostalgia foi estudada e classificada como uma verdadeira doença, com o passar das épocas foi assumindo as características de um sentimento verdadeiro. Na verdade, já Platão tinha apreendido uma relação entre nostalgia e reminiscência, entre memória e lembrança: relação salientada, aliás, pela própria etimologia do termo. Mas em que sentido a lembrança tem a ver com a nostalgia? Com efeito, não basta dizer que a nostalgia é feita de lembranças irrevogáveis, seladas no passado. A lembrança da nostalgia é um espaço temporalmente vivido em um lugar (o lugar da infância, a terra de onde partimos para ir a outro lugar), mas também o conjunto das lembranças de quem foi desarraigado ou afastado de um lugar: em suma, o sentimento da distância, do exílio.

Os poetas conhecem perfeitamente o significado da nostalgia e dos movimentos nele implícitos. Poeta é aquele que fala a língua da terra-mãe, a linguagem da fantasia e da imaginação. Um poeta separado de sua terra é, inevitavelmente, separado também de sua língua. Ele vive numa posição nostálgica permanente. É separado de sua língua materna, porque separado da mãe e daquela linguagem da infância que outrora era sua língua. Essa separação da terra é também separação do corpo da mãe, do corpo da mãe como linguagem dos símbolos, como invenção, como afetividade: corpo da mãe / corpo da terra / corpo da língua. Para o poeta, entre mãe, terra e língua há absoluta equivalência. Um poeta restitui essência e força à própria linguagem mediante esses elementos, que ele recria por meio do ritmo e do fingimento de um novo tempo: outro tempo, um tempo por vir.

Nesse sentido, a nostalgia também está fortemente ancorada à esperança. Ambos os sentimentos têm por eixo o tempo: a nostalgia, o tempo passado; a esperança, o tempo por vir. Aparentemente divergentes entre si, esses sentimentos se unem fortemente em um estado de espírito parecido com o desejo. Poetas, escritores e artistas contribuíram muito para uma ideia da nostalgia como desejo de alguma coisa indeterminada ou que poderia acontecer, mesmo quando se perde a esperança de que possa acontecer. Se o passado é não mais presente, o futuro é não ainda presente. Portanto, quer a nostalgia quer a esperança são sentimentos suspensos que "olham" de algum modo o tempo exterior.

Mas por que a nostalgia e a esperança são tão cruciais na poesia, na literatura e na música e até mesmo em psicopatologia? Não é simples responder. Há formas de nostalgia regressivas. A história é repleta de exemplos de indivíduos e comunidades obcecados pelos mitos da própria etnia, da própria origem, do próprio país, da própria identidade cultural: ideias fixas que obstam a evolução de indivíduos e comunidades e geram linguagens e simbolismos imunizados em relação ao outro. Há nostalgias mítico--regressivas que negam o outro, seu direito a viver. Todavia nessa regressão, nesse fechamento, nessa nostalgia de uma raiz imaginária, sempre há uma possibilidade de abertura, de reconhecimento do outro, de liberdade.

A NOSTALGIA ABERTA

Toda forma de separação, mesmo a mais trágica e violenta, sempre é uma separação do próprio Eu, daquela parte de nós que é aquele determinado lugar, aquele determinado episódio. Até por isso a nostalgia é um sentimento doloroso. Leopardi tinha definido *ricordanza* como esse sentimento terno e tocante, doce e doloroso. Claro, sempre nos separamos de alguma coisa que vivemos ou que viveu em nós, mas sempre é do nosso Eu de outrora que nos separamos. Origina-se desse adeus, a nostalgia. Aquele nós vivido naquele tempo e naquele lugar não existe mais. Transformou-se irremediavelmente e é impossível tê-lo de volta.

Embora tocante e dolorosa, a nostalgia também é um sentimento aberto, porque por meio das lembranças nos devolve o tempo da infância, da adolescência, os lugares conhecidos, as paisagens vistas, as pessoas amadas. Coisas que no tempo se tornam parte de nós mesmos. Reaver alguma coisa que tivemos nos ajuda a carregar conosco aquilo que fomos, a retomar o caminho. Sem arrependimentos e com uma consciência nova: que, se o objeto ou a pessoa recordada não podem mais voltar, poderemos, de todo modo, reencontrá-los na memória, e que aquilo que não podemos mais reviver no tempo poderemos reviver na linguagem. Uma das características primárias da arte é justamente essa, como mostra a nostalgia vaga e suspensa, o sentir indeterminado do *spleen* baudelairiano e do in(de)finido leopardiano.

Todos nós aspiramos a um lugar em que nunca estivemos, mas que é o centro de nosso ser. Quando Proust escreve "basta que um ruído, um cheiro já sentido ou respirado outra vez, o sejam novamente, em um só tempo no presente e no passado, reais sem ser atuais, ideais sem ser abstratos", diz como a realidade ultrapassa a atualidade, que esta é apenas a ponta do *iceberg* da realidade. O presente não é tudo. Ele, todavia, não deve ser contraposto ao possível, como muitas vezes acontece, porque o real é mais profundo do que parece. É real sem ser atual, ideal sem ser abstrato. Por isso o inaparente não é simplesmente uma abstração, mas uma idealidade que tem vida.

Mas não é apenas a escrita o lugar eletivo da nostalgia. Há uma sensação à qual não conseguimos dar concretude, sentido ou nome e que tem a ver com a nostalgia: uma sensação de suspensão, de indefinido, de incompletude. Na verdade, vivemos todos na incompletude, na finitude, dentro de um limite. Pensar, agir, amar, movermo-nos entre os homens, requer o conhecimento desses limites. Se aceitássemos essa finitude – porque impotentes diante do tempo –, a nostalgia teria um rosto positivo. A nostalgia nos diz que o que vivemos, amamos e de que cuidamos não voltará mais; que estamos em movimento contínuo e não podemos ser o que fomos outrora; que é preciso reconhecer o limite do tempo: um tempo que nos transcende, que não nos pertence mais.

Na saudade há um quê de diferente e, conjuntamente, de muito similar à nostalgia. Embora carregue em si um traço da memória, a excede muito, como um desejo vago, indefinido. O mesmo desejo, vago e indefinido, que Baudelaire definiu como "nostalgia de um país desconhecido". Desse desejo, dessa indeterminação, há clara evidência na música, no canto. Na época em que a nostalgia era considerada uma doença, a voz tinha um papel de grande importância. É Rousseau quem recorda o efeito nostálgico provocado pelo eco de vozes familiares em terra estrangeira: vozes familiares e estrangeiras de pessoas distantes. No fado português, no tango argentino, nas músicas dos emigrantes em geral, vozes, música e som se unem à nostalgia. Do século XVII em diante, toda a história da música foi imbuída de nostalgia.

A nostalgia fala de um tempo irrevogável. "Nós mudamos", diz Pessoa[1]. "Lisboa, torno a te ver, mas eu não me revejo." O poeta português está exilado de si mesmo: um exílio que é nostalgia de uma língua, da própria língua, do próprio Eu; exílio que é falta de lugar, impossibilidade de sentir-se em casa; exílio que é frágil pertença, um ser sempre algures. Duplamente exilado, do mundo e de si mesmo, Pessoa se revela no horizonte de uma perda radical. Os lugares, as imagens, os rostos perderam sentido. Não porque envelhecidos, desgastados ou corrompidos, mas porque a amplidão da derrota por eles sofrida deixou um vazio, um silêncio inóspito.

O silêncio. Não seria sobre o silêncio que deveríamos nos entender novamente? Sobre um silêncio que, de um lado, limita qualquer significação discursiva e, de outro, retém a poesia às margens de todo discurso? Não há,

---

1. Fernando Pessoa, *Livro do desassossego*. Lisboa: Ática, 1997.

talvez, na origem da expansão do dizer poético, uma supradeterminação do silêncio, concebido não como a borda silenciosa da linguagem, mas como um "fazer silêncio", "calar", "autossuperação" que leva à exaltação, à veemência, e enfim à conversa fiada (até sobre o silêncio) com a qual a poesia deu, excessivas vezes, a impressão de se confundir?

Silêncio é o comedimento taciturno de uma supralinguagem, horizonte da língua, corte que decide e divide a borda de todas as artes – a poesia, a música, a pintura –, porque partícipe de todas as artes, não assimiláveis entre si. Silêncio é o ser silencioso testemunhado pelas artes, pelo fato de não falarem sobre isso, de não falarem sobre isso entre si, por não poderem ser harmonizadas numa língua comum. Não seria a poesia, então, como imaginava Baudelaire, o verdadeiro país de todo estrangeiro? Na poesia, o silêncio é uma palavra imperceptível, uma pausa breve, que nos liga à linguagem e é, ela própria, ligada ao silêncio que a envolve. Mais que um dizer, o seu é um interditar a si mesma, um gesto silencioso que abre espaço a uma escuta-que-diz. A palavra se reencontra, assim, desde o primeiro som, ek-statica-mente fora de si, despedida de si própria, exilada de si mesma.

Difícil fidelidade a de uma palavra que não pode estabelecer vínculos duradouros, que sequer pode confiar em si mesma. Que palavra é se, para se tornar escuta, tem de conspirar contra os limites da linguagem? Que palavra é se para ouvir esse silêncio é preciso retornar ao lugar onde toda identidade se dispersa, onde nada pode estabelecer morada fixa, onde as palavras têm de renunciar ao próprio suposto poder, já que não há nada sobre o que poder? É o deserto o lugar onde nenhuma linguagem pode se declarar fiel a si própria. No deserto, o silêncio é uma palavra além do mundo, um eco distante quase imperceptível. Não uma ausência ou uma impotência de dizer, mas uma conjugação de vazios e de cheios.

Você é o estrangeiro. E eu?
Eu sou, para você, o estrangeiro. E você?
A estrela, sempre, será separada da estrela; isso
apenas as avizinha: a vontade de brilhar juntas.

* * *

Nômade ou marinheiro, sempre você, entre o estrangeiro e o estrangeiro, há – mar ou deserto – um espaço delimitado pela vertigem à qual ambos sucumbem. Viagem na viagem.

* * *

Deixei uma terra que não era a minha,
por outra que tampouco o é.
Refugiei-me num vocábulo de tinta, tendo, por espaço, o livro;
palavra de lugar nenhum, sendo aquela obscura do deserto.
Não me cobri, à noite.
Não me protegi do sol.
Andei nu.
De onde vinha, já não tinha importância.
Para onde ia, não interessava a ninguém.
Vento, eu lhes digo, vento.
E um pouco de areia no vento[2].

Talvez ninguém como Edmond Jabès tenha descrito esse limiar. Sua escrita – na qual o espaço entre uma palavra e a outra, uma linha e a outra, marca uma subversão que se insinua também no interior de um mesmo aforismo – é um equilíbrio continuamente alterado, uma trilha na areia que a cada vez o vento apaga. Para Jabès, a palavra escandida e marcada pelo silêncio nos chama à nossa responsabilidade diante do nada. Ao atravessar o silêncio em busca do estrangeiro (que nós somos), no entrelaçamento dos modos em que o silêncio age, a palavra suspende seus afãs retórico-veritativos. Atravessar o silêncio significa escolher o movimento da palavra contra a retórica claustrofílica da reflexão. Desse movimento, que é também uma hibridação da palavra, Jabès indica passagens não óbvias: o silêncio como pudor, a responsabilidade para com a perda que somos para nós mesmos. Nessa travessia no limite – tão paradoxal quanto contraditória e arriscada –, o silêncio entreabre novos silêncios. As palavras mal pronunciadas, conster-

---

2. Edmond Jabès, *Uno straniero con, sotto il braccio, un libro di piccolo formato*, tradução de Alberto Folin. Milão: SE, 2001.

nadas, fragmentam-se e sua poeira vai pousar em lugares incógnitos e que, precisamente por isso, nos pertencem.

Mas que condição é não poder dizer mais do que o limite? Talvez, para poder ouvir, resta-nos apenas o não dizer? Ou então, para se tornar escuta, a palavra tem de renunciar à própria vida? A escuta de uma palavra livre e de suas inesgotáveis interrogações ilumina o abismo que a separa da idolatria da visão. A palavra que se-torna-escuta se transforma, na leve ambiguidade do silêncio, em um silêncio que ouve a si mesmo através do silêncio, um silêncio que abre mão de qualquer exegese, de qualquer caráter alusivo que torna a palavra simples pré-texto de uma pergunta. É sinal disso, uma escritura que se esquiva de toda resposta.

Recordar não é responder, mas infinita interrogação, "raiz que leva"[3], perfeita solidão de toda palavra, de toda frase, de toda folha de um livro interminável. No entanto perguntar é a essência do humano. Há alguma experiência que possa dizer-se estranha a isso? Mas quem responde? Como todo livro, toda pergunta solicita uma interpretação, embora, como todo livro, ela não viva apenas de interpretações. Uma escritura que renuncia às metáforas e à ilusão de responder, uma escritura que aproxima interrogação de interrogação, subverte, no branco da página, toda palavra que acredita poder habitar ali. Na interrogação o branco e o preto da página se subvertem reciprocamente: nenhum dos dois é o último horizonte do outro. Pressupõem-se e se elidem reciprocamente, ainda que o pressuposto de ambos – migrar, ser origem, abertura-manancial – permaneça inatingível.

O que seria o *por-vir* a não ser abertura? Abertura e, para Jabès, a oferta do deserto à Palavra de Deus. Talvez sem o deserto – e, portanto, sem abertura – não teria havido judaísmo. Como fé que não repousa apenas na fé (mas em cada palavra do texto que assume e põe à prova, precisamente enquanto é posto à prova pelo texto de sua fé), o judaísmo toma forma numa dupla interrogação: uma que opõe à dúvida a própria certeza, outra que opõe a dúvida à própria certeza. Interrogar o judaísmo significa, então, interrogar o livro. De que outro modo perguntar, a não ser através da linguagem? No livro, as palavras da pergunta e as palavras da resposta se enfrentam, em um diálogo que dá existência ao homem e ao universo. Através do silêncio,

---

3. Franz Rosenzweig. *La stella della redenzione*, tradução de Ganfranco Bonola, Gênova: Marietti, 1998.

as "margens" do escrito contam seu "coração das trevas" e, através do branco da página, o desencanto.

Todavia, seria ilusório pensar o deserto como uma nova morada, um lugar de quietude ou um símbolo da origem. O deserto é terra desolada, mas acima de tudo terra do silêncio e da infinita escuta; do silêncio que se alimenta de seus próprios ecos; da palavra que, para se fazer entender, tem de se tornar mais silenciosa que o silêncio. Escutar o deserto significa escutar a morte e a vida ou, para dizer melhor, escutar a morte sem perder sequer um instante da vida. No deserto, vida e morte são entregues à paisagem desconhecida que as guarda e as unifica. Quando o deserto encontra o mar, a vida e a morte se abraçam. Na reciprocidade do deserto e do mar repousam as imagens de uma aventura que apenas a língua pode salvar do nada. Eis por que nômades e navegantes têm em comum o mesmo destino: a mesma odisseia por um canto a esquecer. A poesia apreende o próprio ritmo nesse fascínio, o ritmo do impossível transformado em visão.

Do deserto, Jabès narrou as noites indecifráveis, as manhãs mais claras, as solidões geladas, os raios de lua, as formas impossíveis das nuvens, os rastros apagados pelo vento, o eco de vozes distantes, as refrações do silêncio, o ruído do menor grão de areia. Em sua poesia, o deserto é chave metafísica, limite de areia que o nada enfrenta e desgasta. Do deserto ele desenha movimentos e mutações que, a cada vez, descrevem seu sentido exato e inalcançável. Não há nomos, no deserto: apenas a ordem que o movimento assume ao dar forma ao espaço (o espaço representável, que não é o único espaço). Aqui, toda raiz é errância, movimento inapreensível do pensamento. O deserto convoca fora de si mesmos, fora do espaço dentro do qual o tempo se desdobra e se consome. Um evento, mais que um lugar. Um território indesignável. Uma relação incansável sem termos de referência. Um movimento que escapa sem se subtrair. Que questiona sem responder. Que, se responde, nunca conclui. É esse destino, o deserto.

Para Jabès a memória não liga interpretação a interpretação, resposta a resposta: é apenas o risco ininterrupto do êxodo, do deserto, do exílio. O deserto chama tão fundo a ponto de tornar inconcebível a escritura como signo de uma identidade qualquer. De fato, a escritura de Jabès não pede interpretações. Nem seu deserto para ser exposto à exegese. Rompendo com a tradição que se renova no escrito, ele está no sulco da mais autêntica descendência de Abrão: a descendência do migrar. Aliás, Jabès leva a cabo a história da exegese, deslocando o escrito com relação àquele ser-aí que ele sempre procurara dizer, com quem sempre procurara estreitar uma extrema, desesperada identidade.

A PALAVRA EXILADA

Embora nunca tenha se considerado um escritor judeu: "Sou judeu e escritor, o que não é a mesma coisa", Jabès concentra a própria atenção no movimento da palavra escrita e, ao mesmo tempo, no movimento que a suspende, criando vazios e lacunas à sua volta, impelindo-se, de soleira em soleira, até o efeito do nada. Com um gesto familiar à fenomenologia, Jabès se liberta daquilo que cria obstáculo à consciência, que impede seu fluxo. Por mais vigilante que seja, o Eu deixa as coisas acontecerem. Nenhum controle sobre os dados imediatos da consciência. Sequer no sentido de uma subversão do que é habitual. No sentido, antes, do gesto crucial e inesperado de quem aprende a escrever mediante o silêncio; de quem faz com que as palavras, de palavras que miram a plenitude, se transformem em palavras imbuídas de silêncio.

Mas pelo que responde, Jabès? Em primeiro lugar, por uma fidelidade ao livro, que é em primeiro lugar fidelidade a si próprio. Ele se espelha o tempo todo no escrito: voz na voz, canto no canto, palavra na palavra. O judaísmo de Jabès – desprovido de religião, desprovido de comunidade, desprovido de estado – é inseparável da poesia, isto é, da subversão da ordem da língua e de seus vínculos. Mais que a história profética e visionária, do judaísmo Jabès reúne a narração: a história na qual a sabedoria do viver diário se une à paixão – como para Kafka, Rosenzweig e Buber – pelo texto, por sua tradição rabínica e ao mesmo tempo popular, por sua conjugação sensitiva e não doutrinária.

Se há uma predileção no judaísmo de Jabès é por aquela hermenêutica negativa que se origina da ausência do Nome de Deus, cujas letras estão disseminadas, dissipadas e ocultas no mundo. Jabès subtrai essa hermenêutica não só do peso de seu próprio simbolismo e do domínio do significante, transformando-o em um espaço imaginal, no qual a palavra enfrenta o vazio e sua própria impotência para pronunciar os nomes, movendo-se além do limiar silencioso da língua. O livro fragmentário, nunca acabado e nunca plenamente legível, testemunha essa falta. Por isso a interrogação do livro não tem termo. De fato, exige a vida inteira para acontecer. Toda pergunta se abre para a pergunta seguinte. Nesse questionamento, nesse exílio do sentido e do livro completo, o judeu e o escritor se assemelham e se encontram ao fazer perguntas sobre as barragens do vazio: "... a palavra de Deus talvez seja a palavra mais vazia do dicionário. Tão vazia que o universo do homem e o infinito de sua alma podem ali encontrar, a todo instante, lugar".

No pensamento poético de Jabès, quem está em cena é uma personagem que é uma só coisa com o narrador: o Estrangeiro. Mas quem é esse Estrangeiro, a não ser o Eu que encontra seu duplo nas vestes de um Estrangeiro? Como se um dia, encontrando alguém de ar familiar percebêssemos, ao nos aproximar, que somos nós mesmos. Mas o que quer dizer "percebêssemos" e "ao nos aproximar"? Por que "aproximação", se tem o jeito de uma distância? E afinal, "distante de onde"? A distância do outro é, antes de mais nada, nossa distância de nós mesmos. Para ele, assim como para nós, trata-se de reconhecer que somos chamados a responder a esse silêncio, a esse nada.

Cena singular. Inicia-se com um desdobramento e acaba-se com um estranhamento que põe em risco nossa subjetividade. É essa aproximação a nos transformar no Estrangeiro que somos. Poderíamos nos subtrair ao efeito deformante do espelho ao qual o ver-pensar nos leva de volta o tempo todo? Poderíamos evitar de ser rejeitados toda vez ao recairmos no jogo do "mesmo"? Como eludir a pega desse Eu vazio e englobante? O Estrangeiro nos habita. Não lá fora, como uma tranquilizadora estranheza da qual podemos nos defender enrijecendo, mas em nós mesmos. Habitando essa estranheza que está em nós, o estrangeiro nos expõe a aberturas inéditas rumo ao nada e ao silêncio, expondo-nos ao risco da perda. O aparecimento do Estrangeiro em que acreditamos nos reconhecer é desnorteante. O outro que encontro, com quem dialogo, pode até ser a pessoa que nos é mais próxima, até a pessoa que amo e de quem preciso. Mas o que isso significa e no que me iguala? Talvez, mediante o encontro, seria reconduzido (e ele comigo) à minha responsabilidade? Responder a essas perguntas significa fazer de nosso olhar um exercício de perplexidade: ver contra a visão. Somente contrastando a inércia do olhar e, sobretudo, lutando contra o hábito de tomar o outro como um espelho que reflete minha pretensão, evitarei abandonar-me a seu olhar, como se nele quase houvesse a plenitude inalcançável que me falta.

A mediocridade diária – anotou brilhantemente Aldo Rovatti[4] – alimenta-se da mesma verdade prepotente de que se alimenta o sujeito metafísico. Se conseguíssemos fazer experiência do outro – do Estrangeiro que é para nós e para si próprio – talvez nos víssemos respondendo do nada que nós somos para nós mesmos. Ter a pretensão de preencher esse nada, transformando-o em um nada trágico, poderoso, por sua vez metafísico, seria apenas mais uma ilusão. O salto da mediocridade diária ao *pathos* heroico do caráter abismal da existência é uma tentativa estúpida, antes ainda que inane. Mas um pensamento não medíocre não é um caminho aberto. Um pensamento que pensa contra si mesmo, a partir da própria errância e do próprio exílio, é pensável apenas se abandonar os tons de uma nova retórica da verdade: toda palavra escrita, com efeito, já é uma submissão, uma queda nessa retórica.

Tornar-se Estrangeiro – uma experiência que nasce da sombra que somos e não da luz que pretendemos ser – consiste numa oposição a nós mesmos, em um movimento que não procure selar os silêncios e as palavras (o *horror vacui* que agita e obceca a trivialidade diária que vivemos), mas que busque o silêncio nas palavras, primeiramente para protegê-lo. É preciso então abaixar a voz, ver contra a vista, aprender a calar-se: que não é a serena contemplação de nós próprios e do mundo, mas uma luta contra nós mesmos. Estranha batalha, na verdade: ao nos engajar nela sabemos de antemão que estamos derrotados de saída. Para sermos mais precisos, o derrotado será precisamente aquele Eu que deseja vencer. Mas lutar é recusar o caminho da resignação, da imobilidade, da derrota. O Estrangeiro que entra em relação com os outros nos coloca novamente em condição de agir.

Mas eis novamente o lado paradoxal. A resignação e a derrota representam a situação normal, presente, cotidiana. A mesma condição que baniu o Estrangeiro, em que o Mesmo dá por si com o Mesmo, e todos juntos trabalham pela ilusória afirmação de si mesmos, erguendo a voz, multiplicando as palavras, aguerrindo o pensamento: e desmoronando, ao mesmo tempo, debaixo do peso do próprio desespero. Talvez evocando o fantasma estarrecedor e poderosíssimo do Nada.

Agora a cena anterior nos parece encurvada, deformada. O Estrangeiro parece nos pedir: "chegue mais perto!", revelando que nossa suposta pro-

---

4. Aldo Rovatti, *Abitare la distanza. Per una pratica della filosofia*. Milão: Raffaello Cortina, 2007.

ximidade é, ao contrário, uma inesperada distância. O Estrangeiro nos interpela, e nós somos chamados a responder. Mas responder ao Estrangeiro não significa exigir que se disponha plenamente a nosso olhar: um olhar frontal, absorvente, identificador. Absolutamente! Mesmo admitindo que consigamos, responder consiste precisamente em reconhecer o Estrangeiro, em aceitar sua presença oblíqua, fugidia.

> O rosto se voltou para mim – e essa, precisamente, é sua nudez. É para si mesmo e não em referência a um sistema. [...] Mas a epifania dos Outros implica uma significação própria, independentemente do significado recebido do mundo. Os Outros não vêm ao nosso encontro do contexto, mas significam por si mesmos[5].

Aqui, o levinasiano rosto do Outro não se dissolve numa abstrata alteridade teórica, mas é presença dialogante, imagem ativa. Esse caminho, que é ao mesmo tempo aventura linguística e ascese do pensamento, não vive na contemplação, mas no fogo da imagem, na trepidação de seu cancelamento, de seu silêncio. Esse encontro é desancorado da visibilidade (por mais assimétrica que seja) do rosto do Outro: o Estrangeiro, que nos volta as costas, só está fora de nós na ficção narrativa. Aquele que vislumbro e que me escapa sou eu mesmo. O que me desnorteia, portanto, não é a plenitude perturbadora de outro rosto, mas o vazio que se abre dentro de mim: alguma coisa que me diz: aproxime-se mais de si mesmo, abandone toda pretensão de plenitude.

Observa Edmond Jabès[6]:

> A pergunta que todo dia me coloco é: o que é um estrangeiro? Como se pode ser estrangeiro a si mesmo, para si mesmo e não para os outros? Como se pode ter um nome, um rosto para os outros e não para si próprio? [...] Já que o estrangeiro não é aquele que, desde o início, nos parece um estrangeiro, mas, antes, aquele que se revolta contra o fato de não poder ser tomado pelo estrangeiro que é a seus próprios olhos.

5. Emmanuel Lévinas, *Totalità e infinito*, tradução de Adriano Dell'Asta, Milão: Jaca Book, 1982. Ed. port.: *Totalidade e infinito*, tradução de José Pinto Ribeiro. Lisboa: Edições 70, 1980.
6. Edmond Jabés, *Il libro della sovversione non sospetta*, tradução de Antonio Prete, Milão: Feltrinelli, 1994.

Assim como a literatura do deserto abandona com Jabès toda resídua divagação exótica, o nomadismo deixa de ser uma alegoria da aventura dos sentidos e se torna um paradigma da interrogação, do espanto, do distanciamento, da recepção. Assim o Estrangeiro não é apenas a imagem de uma segregação e de um desarraigamento, mas é condição – própria do escritor, do nômade e do poeta – que aprende a reconhecer tudo o que não tem certeza, visibilidade, poder, proteção, direção, e nessa nova passagem constrói a aventura de cada encontro. Ser estrangeiro é uma escola de fraternidade. Desnorteio do *Self* e proximidade do outro constituem o ritmo da fraternidade.

A coragem de viver

> *Essa, no fundo, é a única coragem que
> nos é pedida: sermos corajosos em relação
> ao que de mais estranho, prodigioso
> e inexplicável possa nos acontecer.*
> RAINER MARIA RILKE

A análise da coragem implica uma viagem ao longo dos mais diferentes territórios do humano. No pensamento sapiencial, a coragem é simplesmente a afirmação de emoções e valores na esfera da racionalidade, o pressuposto de toda qualidade intelectual e moral, não uma virtude peculiar ou uma qualidade moral que acompanha atos e comportamentos. Como sentimento oposto ao medo, a coragem está arraigada na afirmação de si e também na assunção do risco a ela ligado.

Uma das mais antigas tematizações sobre a coragem é relatada em um diálogo platônico[1], no qual o general ateniense Nícia chama de coragem o conhecimento do que deve ser temido e do que deve ser feito: distinção, esta, que na realidade já aos filósofos gregos parecia inadequada, já que os homens ignoram o que sejam realmente o bem e o mal. No mundo grego, a incapacidade de definir a coragem é particularmente pungente, especialmente para aqueles que, como Sócrates, consideravam o conhecimento a máxima das virtudes. Compreender a coragem significa compreender o homem, o seu mundo, seus desejos, seus valores, suas esperanças. Segundo Platão[2] a coragem (*thymòs*) – dimensão entre a esfera intelectual e a esfera

---

1. Platão, *Lachete, Dialoghi filosofici*, organização de G. Cambiano, Turim: Utet, 1970. Ed. port.: *Laques*, tradução de Francisco de Oliveira. Lisboa: Edições 70, 2007.
2. Platão, *La repubblica*, tradução de M. Valgimigli e Lorenzo Minio Paluello, Firenze: La Nuova Italia, 1963. Ed. bras.: *A República*, tradução de Piero Nassetti. São Paulo: Martin Claret, 2007.

sensível – é estritamente vinculada à alma. É uma tensão espontânea voltada para o que é nobre, já que une razão e desejo, elementos decisivos para a vida do guerreiro.

Já, segundo Aristóteles[3], o homem corajoso age pelo que é nobre e, ao mesmo tempo, em conformidade com a virtude. Corajoso é aquele que afirma a própria natureza, que adia prazer e felicidade e sacrifica tudo por um princípio superior, mesmo quando a própria existência está em jogo. De fato, se a coragem se manifesta socialmente, sua característica mais elevada é precisamente a disponibilidade (individual) ao sacrifício da própria vida. Segundo Aristóteles, pode-se perseguir a perfeição em diversos níveis: naturais, pessoais, sociais. Coragem por antonomásia é a militar: a palavra grega *andrós* e a latina *fortitudo* são, precisamente, formulações militares da coragem como a virilidade e a força de ânimo. A coragem também é estritamente ligada à temperança, virtude da alma que tem a ver com a postura em relação ao prazer e à dor. Coragem e temperança são os fundamentos da disciplina do espírito, embora a coragem seja superior à temperança porque é mais difícil enfrentar a dor do que abster-se do prazer. Corajoso é quem "olha a morte de frente" para uma finalidade específica. Mas atenção! Uma coisa é a impulsividade típica de quem enfrenta o perigo sem hesitação, outra é a cautela de quem age corajosamente: este, antes de enfrentar o perigo e o desconhecido, está até calmo. Quem age sem cautela é temerário, mais que corajoso.

A visão aristotélica revive plenamente na doutrina de São Tomás de Aquino, segundo o qual, mais que *fortitudo*, a coragem é sabedoria, reserva de forças morais e espirituais para a ação, ainda mais quando o corpo já não tem capacidade de sustentá-la. Ora, se é verdade que o intelecto prevalece sobre a vontade, a coragem sempre é subordinada à sabedoria, aliás, contribui para criá-la. Por outro lado, é a coragem que permite a obediência aos preceitos da razão (e da revelação). Um homem corajoso, de fato, enfrenta o perigo inspirando-se no bem, elevando-se num plano ético, escolhendo uma vida moral que se entrelaça com outras virtudes sociais e espirituais. Ao contrário, quando for o aspecto voluntarista a prevalecer, a coragem per-

---

3. Aristóteles, *Etica Nicomachea*, tradução de Franco Amerio, Milão: CDE Stampa, 1994. Ed. bras.: *Ética a Nicômaco*, tradução de António de Castro Caeiro. São Paulo: Atlas, 2009.

de seu vínculo com a sabedoria e deixa aflorar comportamentos anômicos. Para São Tomás, as raízes da coragem residem na própria fé, sendo um dom do Espírito Santo.

No pensamento cristão, a coragem apareceu muito cedo, em relação com a fé e com uma enorme quantidade de implicações éticas e metafísicas[4]. A doutrina de Santo Ambrósio provém de uma antiquíssima tradição estoica que, particularmente com o conceito de lei moral natural, influiu profundamente na dogmática e na ética cristã, embora na realidade a coragem pessoal e social do estoico tenha um caráter totalmente diferente daquele cristão. Marco Aurélio[5], por exemplo, considera a coragem um exercício do próprio dever:

> Pela manhã, assim que acordares – adverte –, teu pensamento é o de dizer: eu me levanto para ser digno de um ser humano.

Essa chave estoica da coragem – emblemática na morte de Sócrates – é coragem de existir e afirmar a superioridade de nossa razão diante das injustiças e do não essencial. Sêneca, por exemplo, exortado por Lucílio a "aprender a sentir a alegria"[6], apreende a ontologia da coragem em sua união com a alegria. A coragem estoica não é nem ateia nem teísta. Embora a solução dada pelos estoicos ao problema da relação entre a coragem e a ideia de Deus seja extremamente relevante, ela apresenta mais questões que soluções. Sêneca acredita que existir significa ter a coragem de se afirmar a despeito do destino e da morte: não como Hamlet, que elude o pecado e a culpa, mas olhando de frente a própria culpa: a mesma culpa que evoca o tema da salvação (cristã) e não da renúncia (estoica).

Hobbes[7] considera a coragem uma emoção similar à ausência de medo e, ao contrário, a razão, a prudência e a temperança próximas da temerida-

---

4. Max Pohlenz, *L'uomo greco*, tradução de Beniamino Proto, Firenze: La Nuova Italia, 1976.
5. Marcus Aurelius Antoninus, *A se stesso (pensieri)*, tradução de Enrico V. Maltese, Milão: Garzanti, 1993. Ed. bras.: *O guia do imperador*, tradução de Gian Bruno Grosso. São Paulo: Editora Planeta/Academia de Inteligência, 2007.
6. Lucius Annaeus Seneca, *L. Annaei Senecae ad Lucilium epistulae morales*. Roma: Typis Regiae Officinae Polygraphicae, 1937. Ed. port.: *Cartas a Lucílio*, 4ª ed., tradução de António Segurado e Campos, Lisboa: Fundação Calouste Gulbenkian, 2009.
7. Thomas Hobbes, *De homine: sezione seconda degli elementi di filosofia*, tradução de Arrigo Pacchi, Bari: Laterza, 1972. Ed. bras.: *Os elementos da lei natural e política*, tradução de Bruno Simões, São Paulo: Martins Fontes, 2010.

de. Spinoza, segundo o qual a coragem é uma determinação essencial do ser, utiliza indistintamente os termos *fortitudo* e *animositas*: o primeiro indicando a força de ânimo; o segundo, a indicar a coragem como ato global da pessoa. Sem prudência, podemos ser desprovidos de medo, mas não corajosos. A expressão mais alta da coragem está na afirmação de si e do próprio ser. Para Kant[8], a inteligência, o juízo, a coragem, a determinação e a temperança são aspectos desejáveis, embora, se a serviço de uma vontade destituída de comedimento, possam se tornar enganosos. A coragem sem uma avaliação congruente dos meios e dos fins se torna inevitavelmente uma qualidade negativa. Por meio da coragem um homem tem de superar o medo, embora não haja nenhuma virtude sem medo.

Também foi teorizada uma coragem que viveria nas instituições: uma coragem, por assim dizer, civil, que se manifesta no enfrentamento do perigo para o "bem público". Hegel[9] considerava a coragem uma virtude cívica, mesmo quando sua execução fosse em detrimento do indivíduo. É falsa, portanto, a representação da coragem geralmente ligada à luta física ou à regulação de uma questão de honra. Para o filósofo alemão, a verdadeira coragem está no sacrifício pelo Estado, no sacrifício do indivíduo no altar do Leviatã.

Para Kierkegaard[10], o grande pensador cristão, ao lado da coragem das grandes escolhas, há a diária e individual coragem de ser, de existir, de escolher. Diante das pretensões de uma racionalidade legisladora, o filósofo dinamarquês apresenta a indigesta realidade do indivíduo: o indivíduo existente. A verdade, ele afirma, é tal apenas se for uma verdade para mim, pois longe de ser o objeto do pensamento, é um caminho ao longo do qual o homem encontra a si próprio. À lógica de Hegel, Kierkegaard opõe a reflexão viva sobre a existência – nada objetiva ou desinteressada, mas apaixonada e paradoxal –, que coloca o homem isoladamente diante de seu destino. Ele contesta a Hegel o ter considerado o homem como um animal. De fato, se no mundo animal o gênero é superior ao indivíduo, na comunidade dos homens é o indivíduo a

8. Immanuel Kant, *La metafisica dei costumi*, tradução de G. Vidari, Roma-Bari: Laterza, 1983. Ed. port.: *Fundamentação da metafísica dos costumes*, tradução de Paulo Quintela. Lisboa: Edições 70, 2009.
9. Georg Wilhelm Friedrich Hegel, *Lineamenti di filosofia del diritto, ossia diritto naturale e scienza dello stato*, tradução de Francesco Messineo, Bari: Laterza, 1913. Ed. bras.: *Princípios da filosofia do direito*, tradução de Norberto de Paula Lima. Adaptação e notas de Márcio Pugliesi. São Paulo: Ícone, 2005.
10. Soren Kierkegaard, *Diario*, organização de Cornelio Fabro, Milão: Biblioteca Universale Rizzoli, 1992. Ed. bras.: *Diário de um sedutor*, tradução de Jean Melville, São Paulo: Martin Claret, 2002.

prevalecer sobre o gênero. Essa é a essência da mensagem cristã. Apenas na existência isoladamente se desdobram plenamente a decisão e a coragem, o *aut-aut* entre estilos de vida e modos de ser diferentes. Uma existência massificada – e inevitavelmente atomizada – implica uma vida passiva, heterodirigida, dissolvida no gênero, como um número entre números.

Para Kierkegaard o cumprimento da vida do homem passa por uma resolução moral. Escolher a si próprio é a passagem crucial para transcender a própria finitude. Não se trata de um caminho para uma consciência pacificada, mas da escolha de uma existência como possibilidade que vive no fogo da incerteza mais radical, da instabilidade, da dúvida. A angústia que caracteriza a natureza humana (e que a ela está estritamente vinculada) deriva não do que é, mas daquilo que pode ser e, portanto, da possibilidade de reconhecer o nada: o nada que não é expressão típica de um niilismo maneirista ou, pior, de uma estética do vazio – mas o reconhecimento da potência que o nada expressa e que indica a finitude do que existe.

O pensamento de Kierkegaard é essencial para esclarecer a ideia da coragem individual. A categoria do indivíduo ocupa um lugar privilegiado no pensamento moderno. Como radicalmente outro em relação à Universalidade impessoal de Fichte, ao Absoluto de Schelling, à Ideia de Hegel, o "indivíduo" expressa o caráter inassimilável do homem, de sua natureza e de sua liberdade, a qualquer entidade metafísica, imanente ou transcendente que seja, que pretenda assimilá-lo. Na medida em que é entidade diferenciada e individuada – que tem um valor em si e é inassimilável à unidade indiferenciada do número –, o "indivíduo" se contrapõe à massa, ao público, à multidão. No movimento que contrapõe a comunidade à multidão, Kierkegaard vê a realização de um lado, do indivíduo, do outro, a sua negação.

> A multidão – ele escreve – é um *nonsense*, uma soma de unidades negativas, de unidades que não são unidades, que se tornam unidade por causa da soma, ao passo que a soma deveria ser e se tornar soma por causa da unidade.

Como para Spinoza[11], também para Nietzsche a coragem é afirmação de

---

11. Benedictus de Spinoza. *Ética*, tradução de Giovanni Giulietti, Pádua: Cedam, 1947. Ed. bras.: *Ética*, tradução e notas de Tomaz Tadeu. Belo Horizonte: Autêntica Editora, 2008.

si. Em *Assim falou Zaratustra*[12], voltando-se contra a mediocridade de seus contemporâneos e a decadência a que assistia se afirmando no avanço da democracia, ele pergunta:

> [...] vocês têm coragem, irmãos? [...] não a coragem diante das testemunhas, mas a coragem da eternidade e da águia que ninguém enxerga.

Suas palavras, nem mais filosóficas mas proféticas, mostram uma coragem sobre-humana, uma coragem que foi uma coisa só com seu destino: a coragem de ficar em pé equilibrando-se sobre o abismo do mundo e de atravessar as solidões estelares anunciadas pela mensagem "Deus está morto".

Segundo Wittgenstein, a marca mais certa da grandeza, da pureza e da genialidade de um homem é sua quantidade de coragem. Apenas descendo nas profundezas de si mesmo é possível empreender o percurso necessário para alcançar o próprio lugar ético. Portanto, em lugar de perseguir o que deseja ser (ficando assim enredado numa falsa e inautêntica representação de si), um homem tem de ter a coragem de descer em si próprio, mesmo à custa de sofrimentos e aflições. Wittgenstein escolhera até mesmo partir para a guerra para buscar a índole que lhe consentiria uma visão mais clara das coisas: uma busca de si, claro, que não reside em alguma habilidade intelectual ou em um talento qualquer, mas em escolha ética radical, que é condição indispensável de uma linguagem autêntica que brota do encontro de uma "palavra libertadora" e de um "pensamento libertador".

Trata-se de um horizonte nada fácil de alcançar. Wittgenstein aproxima-se disso, sem alcançá-lo. Debruça-se em seus arredores; no entanto, fica aquém. Só tarde vai descobrir que a porta se abre para o interior, não para o exterior. A névoa das vontades distorcidas e das mistificações sobre o que deveria ser captado e aceito pelo que é, e não por aquilo que gostaríamos que fosse, obsta o reconhecimento da verdade. É preciso, portanto, fazer as contas consigo próprio, decidir corajosamente a partir de si mesmo, cortar

---

12. Friedrich Nietzsche, *Cosi parlò Zarathustra: un libro per tutti e per nessuno*, tradução de M. Costa, Milão: Mursia, 1978. Ed. bras.: *Assim falou Zaratustra*, tradução de Alex Marins. São Paulo: Martin Claret, 2007.

as ilusões e as ficções do *querer ser*, para *tornar-se aquilo que se é*. Para tanto uma pesquisa técnica não basta. É preciso vencer a si mesmo, encontrando a coragem para se concentrar e ultrapassar os limites da inteligência e, sobretudo, das convenções morais.

Segundo Wittgenstein[13], as pessoas são "incrivelmente limitadas": identificam-se com o que possuem e não estão nada interessadas em "ser". Entre ter e ser passam todas as ilusões e os autoenganos que impelem o homem a se representar pelo que tem e que deseja ter. A posse das coisas nos afasta daquilo que somos. Não há um ter, apenas um ser. Portanto, a filosofia não pode ser um estéril afã lógico-discursivo, mas uma reflexão sobre o que somos. Para chegar próximo da verdade, é preciso destruir as falsas imagens e as crenças sobre si mesmos, é preciso subverter as convenções que nos oprimem. Revolucionário é aquele que revoluciona do fundo de si mesmo. Na superfície, os problemas da vida são insolúveis: só podem ser resolvidos em profundidade. Superfície e profundidade são níveis distintos de vida. É a coragem que separa a primeira da segunda. Então, é preciso descer em profundidade sem se deixar influenciar pelos outros. Isso significa se deixar guiar apenas pela própria natureza, reconhecer e valorizar a própria singularidade, evitando considerar a própria índole do exterior. A coragem sempre é originalidade. A própria escritura nasce do interior, porque o sentido de uma palavra é iluminado pela *forma de vida* na qual um homem está mergulhado. Precisamos pronunciar palavras e proposições assim como falamos da vida de todo dia. Nenhum homem pode dizer ou escrever alguma coisa maior ou melhor do que ele efetivamente é. Essa é a *coragem de ser*.

O CARÁTER DA CORAGEM E A CORAGEM DO CARÁTER

Dessa breve exploração histórico-conceitual não só fica evidente que sem sua dimensão metafísica e moral a coragem permanece totalmente inacessível, mas também que tudo isso está fortemente ligado ao caráter e, em termos mais gerais, às esferas psicológicas. Na realidade, não é sim-

---

13. Ludwig Wittgenstein, *Ricerche filosofiche*, tradução de Mario Trinchero, Turim: Einaudi, 1999. Ed. bras.: *Investigações filosóficas*, 6ª ed., tradução de Marcos G. Montagnoli, Petrópolis: Vozes, 2009.

ples definir a coragem do ponto de vista psicológico. Em primeiro lugar, porque não é fácil situá-la em um dos âmbitos clássicos da personalidade. Em segundo lugar, porque é difícil reconduzir seu polimorfismo a uma matriz única: seja ela afetiva, pulsional, instintiva, cognitiva ou de outra natureza. A complexidade de tais tendências (e os efeitos de seu recíproco influenciar-se) se acentua se considerarmos as intersecções entre elas e os sentimentos, as instâncias cognitivas e a ordem normativa individual e social. Essas dificuldades, que também dizem respeito à definição terminológica da coragem, explicam também porque na literatura psicológica há apenas breves apontamentos sobre a coragem.

Seja lá como for, é realmente singular que a psicologia e, de modo mais geral, as ciências humanas negligenciem tão ostensivamente uma categoria tão relevante dos sentimentos e da ação humana que, no passado, filosofias e concepções de vida tratavam amplamente. É difícil explicar a razão disso, embora não haja dúvida de que a reflexão sobre a coragem excede largamente o âmbito psicológico. É provável que tudo isso possa ser atribuído à expansão das disciplinas psicológicas cada vez mais desinteressadas da existência, da moral e de muito mais. Contudo, é deste ponto que precisamos recomeçar, aceitando plenamente o desafio posto por outras formas de conhecimento, tão importantes quanto a psicologia.

A coragem é uma esfera da vida humana, e realizar distinções entre mundo interior e mundo exterior implica riscos relevantes. Claro, os modelos sociais influenciam a vida individual (a coragem do herói clássico, do mártir cristão, do monge budista), todavia a coragem pode se manifestar como uma postura privada, sustentada por aspectos essenciais da existência humana, por aquilo que sentimos mais profundamente verdadeiro: aspecto, este, certamente mais difícil de ser apreendido, mas decerto o mais significativo. Nesse sentido, não basta entrarmos em relação com o outro: é necessária a intenção do outro, sua disponibilidade em revelar alguma coisa que vive em sua interioridade, não só como dimensão psicológica, mas também como juízo de valor existencial.

Mas como se manifestam essas formulações da coragem (exterior e interior) na contemporaneidade? Não raro as encontrarmos na vida diária e no âmbito clínico, como expressões de valores ou como urgências psicológicas. Embora as análises sobre a coragem digam sobretudo respeito à sua fenomenologia exterior e atribuam especial importância às qualidades sociais, é necessário dirigir a atenção para um aspecto não raro calado ou negligenciado, mas decerto o mais significativo. Geralmente a coragem provoca em nós um efeito emocional direto, como um fenômeno de superfície, desvinculado de movimentos interiores profundos. Com efeito, antes de ser um comportamento, a coragem é uma escolha interior radical e autêntica. É necessário, portanto, apreender concomitantemente esses aspectos para evitar uma leitura assimétrica das manifestações individuais.

Como todas as tendências gerais, a coragem tem a própria dimensão transfenomênica, mas se desdobra socialmente numa dimensão diafenomênica e no fazer-se da experiência (dimensão fenomênica)[14]. Tem as características de uma tensão, de um impulso (motivado) que tende a uma finalidade, cuja afirmação é obstada por problemáticas internas e externas. Sua afirmação implica o abandono das seguranças, mas sobretudo a exposição a riscos relativos aos valores individuais e extraindividuais. Isto é, trata-se de uma experiência humana aberta, de índole intencional inconfundível e, como tal, implica perigo, risco, mas também possibilidade de amadurecimento, de realização de si, da própria liberdade. Um ato de coragem é um sentimento, uma inclinação para alguma coisa de que sempre temos consciência. Quanto mais complexa for a personalidade que dá forma a atos de coragem, tanto mais profundamente estará arraigada no *Erlebnis*. Os conteúdos da coragem, de fato, assumem qualidade e significado conforme a relação que mantêm com a personalidade: vai-se de uma experiência superficial a outra meditada e consciente, em que tudo adquire uma direção nova e o passado e o *por-vir* podem emancipar-se de uma longa mediocridade cotidiana.

Mesmo quando pouco importantes e de relevo exclusivamente individual, os conteúdos da coragem sempre assumem um significado que os ultrapassa: não só em direção ao mundo exterior, mas também em direção ao mundo espiritual. Essa complexidade, já em si desconcertante, se torna mais forte no caso de considerarmos os sentimentos suscitados por gestos ou comportamentos corajosos. Entre o autor de um ato de coragem e seu destinatário pode se registrar uma reação assimétrica, até mesmo paradoxal: por exemplo, de estima, admiração, pasmo, comoção, mas também de inveja, ódio, compaixão, ressentimento.

---

14. Philipp Lersch, *La struttura del carattere*, tradução de Carlo Berlucchi, Pádua: Cedam, 1950.

A CORAGEM DE ESPERAR

Uma análise do comportamento corajoso só pode partir da indagação de suas características essenciais e de suas regularidades, embora tenha de contemplar em cheio o papel dos componentes socioculturais. No comportamento corajoso, devem ser distinguidos dois aspectos fundamentais: o primeiro pulsional, e o segundo ligado à vontade, à experiência, à racionalidade. A profundidade da coragem é salientada pela capacidade de impregnar a vida psíquica, de introduzir mudanças no ambiente humano circunstante. Esse é o eixo sutil que nos faz distinguir a coragem solipsista (que nasce e se cumpre na interioridade de quem agiu assim) de atos e comportamentos em que predomina (qualificando-o) o envolvimento do outro.

Em um ato de coragem sempre estamos expostos ao risco. Podemos terminar ilesos, ou sucumbir. Não tem muita importância. Seja ele crítico, de revolta, ou voltado à superação de determinadas situações, o que conta é a responsabilidade da própria atitude, não o resultado. A capacidade de criticar, se rebelar, ir além, subverte aquele equilíbrio tranquilizador que leva uma pessoa a defender a própria aparente estabilidade psicológica. A chave mais autêntica da coragem é a capacidade de suportar o sofrimento físico e moral. Pensemos no modo em que as dores, até atrozes, são suportadas com vistas a um bem superior e transcendente, como nas palavras de São Francisco de Assis: "[...] tamanho é o bem que eu espero, que toda aflição é um prazer para mim", ou então quando, destituída de qualquer chave metafísico-religiosa e voltada exclusivamente ao próprio amadurecimento, essa resistência está voltada a alcançar a sabedoria e o domínio de si[15]. No primeiro caso, exprime-se a coragem do santo, cujo destino meta-individual e meta-histórico tem a ver com a esperança: em todo caso, o ato de coragem sempre se inspira em valores ideais (religiosos, políticos, cívicos, patrióticos) e seu cumprimento transcende a existência individual. No segundo caso, exprime-se a coragem do estoico e a descarnada escuridão da solidão que abre o horizonte do próprio dever existencial. Nessa perspectiva, nem um pouco desesperadora, somos fundamentalmente fiéis ao próprio destino e à própria existência formal.

A coragem também se revela na maneira em que se enfrentam as situações iminentes e inelutáveis. Por exemplo, podemos observar comporta-

---

15. Max Pohlenz, *L'uomo greco*, op. cit.

mentos diferentes sustentados por uma "força de ânimo" (que não é a "coragem do desespero", reação, por assim dizer, "de curto circuito"), condutas que implicam uma lúcida consciência situacional, a aceitação das consequências da própria ação, uma postura digna. Ademais, um gesto de coragem – que não seja expressão de uma pura escolha racional, mas que tenha, antes, as características da experiência real – exige uma correspondência entre o plano cognitivo e aquele afetivo: pensemos naqueles indivíduos que, mesmo sabendo com certeza que estão com "seus dias contados", resistem ao desespero (embora tão humano), a posturas de raiva e desconforto. Muito pelo contrário, sem desnorteios ou hesitações, permanecem ancorados à própria condição existencial, não raro infundindo coragem a quem está à sua volta.

A existência humana, em si, é repleta de momentos decepcionantes e desesperadores, por vezes de verdadeira derrota para o que um homem acredita ser ou poder ser. Também nesse âmbito podemos observar uma ampla gama de comportamentos e atos corajosos. Nem tanto pelo recuo em si mesmos diante do insucesso público ou privado, que revelaria uma sensação de renúncia, coisa bem diferente da coragem, mas sim pela difícil tarefa de enfrentar, com as próprias forças, os obstáculos de uma determinada situação. Nesse caso, a coragem constitui mais ainda uma dimensão de esclarecimento da própria individualidade e do próprio espírito, que amplia o horizonte existencial, transformando a presença pática do homem (ou seja, o homem impelido apenas por tendências e inclinações) em verdadeira existência: isto é, a passagem do *homo natura* ao *homo existens*.

A vida do homem se cobre de sentido quando corresponde a uma radical motivação ética e existencial. Ninguém pode se expressar autenticamente fora do que é efetivamente. A originalidade nasce da perspectiva interior da qual se observam as manifestações da vida. É essa exigência que nos solicita a descer em nós mesmos sem pretextos ou álibis, sem desculpar nada, sem esconder nada, sem conceder nada. Quem não estiver disposto, por causa da dor, a descer em si mesmo, não poderá responder às perguntas da vida. Ficará, hesitante, numa linha de sombra, numa região opaca destituída de sentido. Na superfície, as perguntas fundamentais permanecem sem respostas. Claro, um homem impelido pelas vicissitudes pode tentar eludir as questões fundamentais da existência. Não raro, embora consciente da necessidade de uma guinada existencial e da urgência de uma transformação, poderia ser induzido a formas de sublimação. Mas este ainda seria um gesto exterior, não uma reconsideração da própria presença-no-mundo fundamentado numa rigorosa disciplina interior.

Quer em perspectiva individualista, quer em perspectiva altruísta, o ato de coragem faz com que superemos nossas contingências pessoais e sociais, abrindo-nos para a dimensão da liberdade. O que o caracteriza, acima de tudo, são as disposições psicológicas individuais: a maturidade das estruturas do Eu, a capacidade e a autonomia da decisão. Precisamente porque a autonomia da vontade tem laços estreitos com o senso do Eu, é mais fácil flagrar a coragem em quem tem um acentuado sentimento de si e do próprio valor. Não é raro que, em indivíduos desse tipo, em lugar da coragem possa se manifestar audácia, atrevimento, obstinação, ou seja, modos de vida aparentemente similares à coragem, embora intrinsecamente diferentes.

Da coragem, portanto, é preciso procurar as motivações, evitando as interpretações dificilmente verificáveis e desvinculadas da vivência. Por outro lado, renúncias e motivações da coragem mudam com as diferentes estações da vida. Pensemos na necessidade de autoafirmação da idade juvenil: não é improvável que sua tentativa de afirmação, implícita no ato corajoso, seja desvinculada da necessidade de demonstrar o próprio valor e de sentir-se tranquilizado. Depois, com o tempo, o ato de coragem perde suas características motivacionais. Desloca-se, cada vez mais, em direção a uma dimensão dialógica, mas também a uma capacidade de tolerância das adversidades mais intensa e de chegar à aceitação pacata e serena do fim último.

Tanto nos termos laicos de extremo limiar da própria existência, quanto naqueles religiosos de passagem para uma ordem superior da vida, a chegada do momento da morte guarda todo seu caráter enigmático. Na idade avançada, o lento e progressivo esvair-se da energia vital recai (amiúde inconscientemente) sobre as capacidades de reflexão e futurização, tanto que todo aspecto patológico, físico ou psíquico da senilidade se transforma fatalmente numa modificação regressiva da coragem. Ou seja, se dá uma "'patologia da coragem", que, com suas figuras inautênticas e suas ilusórias dissimulações, expõe aos riscos de uma regressão progressiva em direção a níveis instintivo-pulsionais que debilitam fortemente as categorias morais. Talvez seja essa, no idoso, a fuga mais radical da coragem, embora dificilmente decifrável. No entanto, precisamente nesse deslizamento na involuntariedade da vida pré-reflexiva, o tempo da morte adquire um valor entre os mais intensamente humanos: aqui, mediante a recuperação da liberdade humana, as visões estoica e cristã tornam a encontrar um acordo tão singular quanto divergente.

Outras motivações na base da coragem devem ser procuradas nas modalidades das relações interpessoais. Por exemplo, poderia ser interpretado como ato de coragem o reflexo instintivo da mãe que sacrifica a si própria para proteger seu filho do perigo. Ainda que com as devidas exceções, esses reflexos adaptativo-evolucionais não podem ser considerados formas paradigmáticas da coragem – na melhor das hipóteses, poderíamos defini-los como expressões de coragem biológica. Quanto mais ampla a margem de escolha, tanto mais radical a motivação. O sacrifício puramente individual pelo outro, que se manifesta também com a doação extrema da própria vida (e que portanto ultrapassa o instinto de autoconservação), constitui a motivação mais autêntica da coragem, e também a mais rara. Esse poder do amor (e da amizade) foi esclarecido com singular eficácia por Binswanger[16].

Se no amor biológico a coragem se manifesta na escolha unilateral, na reciprocidade do dar e receber se realiza a mais autêntica comunidade de intenções. Essa renúncia de si para ser-o-outro é uma fonte inesgotável de coragem. Pela naturalidade de seus movimentos e de suas renúncias, que muitas vezes ocultam sua presença, podemos dizer que estamos na coragem, não diante da coragem, ainda que os modos possam ser muitos diferentes nas diversas idades da vida. Sem querer estabelecer rígidas taxonomias, poderíamos dizer, genericamente, que no jovem prevalece uma coragem sem mediações, no adulto uma coragem dialógica e consciente do valor do outro, no idoso uma coragem transcendental, que chega a ser quase impessoal.

A análise da coragem aqui esboçada pede algumas considerações gerais, que interpelam em primeiro lugar as condições sociais em que a vida de cada homem se insere. Em primeiro lugar, devemos levar em conta a vertente interior da personalidade – aspecto para cuja compreensão muito contribuiu a psicologia filosófica clássica e medieval.

A complexidade do mundo atual pede uma análise diferente da coragem: a influência da massificação anônima, as tendências des-responsabilizadoras da sociedade, a limitação das liberdades individuais que provocam

---

16. Ludwig Binswanger, *Per un'antropologia fenomenologica*, tradução de E. Filippini, Milão: Feltrinelli, 1970.

efeitos conformistas e anonimizantes. Tais dinâmicas desestimulam a coragem, que por sua própria natureza é ação individual, livre escolha enervada de vontade e motivações éticas. Na realidade, nem sempre o homem tem condições de regular as próprias relações sociais, e isso implica muitas renúncias à própria individualidade. Todavia, a capacidade de se afirmar na sociedade exige uma evolução adicional, um caminho interior ao qual cada um é chamado. Nesse sentido é possível ter comportamentos corajosos para uma finalidade comum que exige dedicação e sacrifício. Como tal, cada ação humana pode ser melhorada, corrigida, negada, e isso também diz respeito à postura corajosa, que pode se transformar em oposição e em rebelião sistemáticas. Não é raro observar a coragem se transformar em um protesto contra os aspectos desumanizadores e alienantes do sistema social. Essa chave de leitura nos ajuda a compreender como podemos chegar, numa progressão perversa, ao ceticismo mais desesperado, à violência mais exasperada, até mesmo à negação extrema de qualquer outro projeto. Em situações desse tipo, qualquer que seja o juízo, a esperança falha.

Para libertar seu potencial construtivo, a revolta tem de brotar da tensão entre o indivíduo e a sociedade massificada, em um movimento de individuação que recupere o humano a partir do interior: não como mera aceitação ou participação ao que já está constituído, mas como cansativo caminho de aproximação de um mundo de dimensão humana. Numa sociedade de expectativas crescentes, a coragem mais autêntica reside na renúncia às sugestões cativantes que derivam do conformismo e dos mecanismos de autoproteção e autodefesa de um sistema, seja qual for sua natureza. Essa consciência, todavia, não se deve traduzir em recolher-se em si mesmo, no retiro em um mundo falsamente tranquilizador ou impermeável às inquietudes que derivam das responsabilidades privadas e públicas. Pode-se participar das vicissitudes do mundo mesmo sem se identificar com elas, sem deixar-se enredar por elas.

Esse princípio de individuação – a forma mais autêntica da coragem – vive na recuperação da vida intersubjetiva. É nesse ponto que retornamos ao valor do "face a face"[17], contraposto àquele "sim" impessoal que dá forma às relações anônimas.

---

17. Emmanuel Lévinas, *Trascendenza e intelligibilità*, tradução de Franco Camera, Gênova: Marietti, 1990. Ed. port.: *Transcendência e inteligibilidade*, tradução de José Freire Colaço. Lisboa: Edições 70, 1991; *Tra noi. Saggi sul pensare-all'altro*, tradução de Emilio Baccarini, Milão, Jaca Book, 1998. Ed. bras.: *Entre nós: ensaios sobre a alteridade*, tradução de Pergentino Stefano Pivatto. Petrópolis: Vozes, 1997.

O reaparecimento das reflexões psicológicas e filosóficas nesse campo do pensamento nos leva a crer que o caráter geral humano da coragem – em seus aspectos mais originários e essenciais – se expressa no retrocesso, a cada vez, do instituído rumo ao instituinte: que afinal é, a cada vez, o curso mais verdadeiro do encontro humano. Esse dado, que pode ser encontrado em toda fase da cultura e da civilização, indica que a conotação íntima da coragem sempre permanece idêntica a cada vez que o homem se esforça para ser autenticamente corajoso.

Não mais, não ainda

*Do deserto do norte havia de chegar sua sorte,
a aventura, a hora milagrosa que ao menos uma vez cabe
a cada um. Por essa vaga eventualidade,
que com o tempo parecia se tornar cada vez mais incerta,
homens adultos consumiam, ali no alto,
a melhor parte de suas vidas.*
Dino Buzzati

Na história das ideias o conceito de espera teve diferentes formulações, conforme os contextos e as situações em que se interpôs, das mundanas às transcendentes. Embora com certa frequência seja assimilada à esperança, já que ambas implicam uma representação do futuro, a esperança é menos determinável que a espera, pois esta é fortemente ligada ao desejo e desancorada da ação. Em geral, espera quem está numa situação de passividade e não exerce nenhum poder sobre o objeto da espera. Uma espera autêntica sempre está voltada para alguma coisa sobre a qual se tem pouca ou nenhuma influência.

Podemos distinguir ao menos quatro expressões da espera: a transcendente, relativa aos valores ultraterrenos; a mundana, relativa à persecução dos bens mundanos; a pessoal, relativa a aspectos relacionais; enfim, a vital, relativa às necessidades fundamentais dos homens. Houve quem, como Martin Buber, considerou a espera um dom no caminho que leva a si próprio: alguma coisa que diz respeito à realização de si no futuro, à salvação da pessoa, ao encontro com o Tu, à entrada no mistério do Nós[1]. Essas considerações em si bastariam para marcar a distância entre espera e esperan-

---

1. Martin Buber, *Il principio dialogico*, tradução de Paolo Facchi e Ursula Schnabel, Milão: Edizioni di Comunità, 1959. Ed. bras.: *Do diálogo e do dialógico*, tradução de Marta E. de S. Queiroz e R. Weinberg. São Paulo: Perspectiva, 1982.

ça. Além disso, se a esperança pressupõe a espera, o contrário não é necessariamente verdade. A espera diz respeito a algo que ainda não é história. Os eventos que acompanham nossa vida – a incerta fortuna econômica, os encontros com pessoas amadas, as vicissitudes da saúde, a caducidade da beleza, a tensão com os adversários – ainda não são nossa história. Esta tem início quando a decisão e a experiência coincidem. Assim, se a espera, com a liberdade e a decisão, se coloca na encruzilhada entre evolução e história, a esperança, ao contrário, tem a ver com a história e a meta-história. Mas há que se perguntar: pode, a espera do indivíduo, ter lugar na história? E, ainda, pode a realidade prejudicar toda espera (e esperança?).

Aqui a pesquisa de Bloch[2], apesar de seus aspectos controversos, se torna inevitável. A espera blochiana de um mundo ideal ao abrigo das necessidades e desprovido de decepções está totalmente inscrita em um horizonte histórico: quanto mais ele for indecifrável e imprevisível, tanto mais a espera assumirá as características da esperança, de um sentimento que se debruça no inatingível abismo entre evolução e história. Em uma perspectiva escatológica, a história individual entre espera e esperança se torna indecifrável, absurda: precisamente como a espera do tenente Giovanni Drogo em *O deserto dos tártaros*, de Buzzati[3], a espera de *Godot*, de Beckett[4], a espera do *Sétimo dia*, o não ainda da escatologia secularizada blochiana.

Se Heidegger apreende na espera e na esperança que preanunciam a morte as determinações fundamentais do ser, Bloch elude totalmente a reflexão sobre a morte, evento que diz respeito sempre e somente ao indivíduo isoladamente. Se existisse, a espera de um grupo, de uma coletividade ou de uma classe seria alguma coisa muito diferente da espera individual. A espera sempre é desejo que aconteça alguma coisa, mesmo quando se trata de pura ilusão. Aqui, a distinção entre o além (substantivo), além (advérbio) e além disso – a duração e o tempo por vir que espera todos – parece ainda mais necessária. Que sejam imanentes à história ou ligadas a esperanças

---

2. Ernst Bloch, *Il principio speranza: scritto negli USA fra il 1938 e il 1947*, tradução de E. De Angelis e T. Cavallo, Milão: Garzanti, 1994. Ed. bras.: *O princípio esperança*, tradução de Nélio Schneider e Werner Fucks, Rio de Janeiro: Contraponto, 2005.
3. Dino Buzzati, *Il deserto dei tartari*. Milão: Mondadori, 1972. Ed. bras.: *O deserto dos tártaros*, tradução de Aurora Fornoni Bernardini e Homero Freitas de Andrade, Rio de Janeiro: Nova Fronteira, 2003.
4. Samuel Beckett, *En attendant Godot*. Paris: Les Editions de Minuit, 1952. Ed. bras.: *Esperando Godot*, tradução e prefácio de Fábio de Souza Andrade. São Paulo: Cosac Naify, 2009.

ultraterrenas, as expectativas constituem uma ulterioridade da existência. Essas expectativas, opacas ou luminosas, frementes ou pacientes, maçantes ou alegres, pessimistas ou otimistas, pressupõem as mesmas perguntas de fundo: o que você espera, e a partir do quê? Trata-se de perguntas que invocam a irrevogável condição do homem que, primeiramente na espécie, tem o poder de aniquilar a vida na terra.

Não é raro que na espera convivam o otimismo progressista e a filosofia do desespero. Essa espera antropologizada tem diferentes possíveis resultados: *il dies septimus nos ipsi erimus* (o sétimo dia seremos nós mesmos) ou o acontecer do nada; o malogro, a contradição insanável, a catástrofe (Godot ou os tártaros, segundo algumas metáforas literárias); a espera da Terra de Canaã ou sua transposição escatológica; o êxodo em direção a um lugar sempre por vir, que afinal é a obra dos profetas: basta pensar na espera no deserto, como descrita nos Evangelhos.

Claro, se a condição do homem é o não ainda de um viandante constantemente a caminho, então essa espera – em seu perfeito absurdo – se cumprirá além da morte, além do horizonte terreno do aqui e agora. Esse impulso em direção à transcendência é tanto mais potente quanto mais radical for a mundanização: segundo Bloch, essa espera de um presente repleto de futuro, essa ultrapassagem se torna possível apenas pela *communio*, pela "solidariedade da mesa", pela *synusia*. Ao contrário, o inesperado dilacera o próprio e-xistir (*in-ruptio*) e, em certas situações, como na ansiedade, pode se transformar na espera do inesperado ou no receio do inesperado.

A espera, ao se cumprir, dissolve o próprio objeto. Com efeito, se o futuro se torna presente, o presente se dissolve no passado, constituindo-se como memória. Ao contrário, quando a memória se transfigura em imaginação, a espera se torna inevitavelmente memória do futuro. Aqui emerge a plena intencionalidade da espera como ato mental (julgamentos, crenças, significados, desejos, amores e muito mais), vontade que se projeta sobre alguma coisa por alguma coisa. Sequer é necessário que essa espera tenha um objeto. Nossa atenção oscila com absoluta naturalidade entre o objeto esperado e o ato da espera: uma consciência que pode ser passiva, inconsciente, anônima.

Uma espera autêntica abre horizontes distantes das representações ordinárias: aberturas potencialmente ilimitadas para o mundo da vida. Eis por que deve ser tomada não em sentido absoluto e objetivo, mas como intenção deliberada. Constituindo-se ontologicamente, a espera se projeta empiricamente no mundo da vida. A espera é *terminus a quo* (limite a partir do qual) de toda experiência e *terminus ad quem* (limite dentro do qual) de toda atitude de base, de todo sentimento direcionado[5], cuja essência é a temporalidade. Mas, se a subjetividade se constitui como pura temporalidade, então duração e espera são pressupostos do ser-aí no mundo. É precisamente a espera – cuja condição de possibilidade é a intersubjetividade – a contrastar a insídia solipsista do Eu transcendental. Essa relação com os outros torna nossa experiência do mundo nada privada e subjetiva, mas uma forma de empática e originária sociabilidade, movimento da presença do outro.

Duração e espera são aspectos cruciais da temporalidade. Pensemos na prorrogação das esperas, em sua demora ou brevidade, para compreender que a temporalidade tece toda trama por vir. A temporalidade também é abertura em direção ao outro, contínua remissão ao outro. A finitude do tempo é o horizonte de toda determinação possível, a natureza mais segura do tempo, embora a intuição do tempo implique eventos – antecipação, projeto, proposição, retorno, reflexão – que se entrelaçam no movimento que orienta a intuição do interior rumo *ao agora*. O encontro acontece no instante duradouro entre ser e tempo. Somente daqui é possível conceber e interpretar a existência do homem.

A ideia da temporalidade a que remetem as metáforas do rio que escorre e da serpente absorta em morder sua cauda ou, ainda, da ampulheta, parece totalmente inconcebível[6]. O tempo cronológico, o tempo dos astros, o tempo do calendário, nada dizem do tempo originário. O tempo mundano tem seu manancial numa temporalização transcendente que constitui o autêntico lugar da espera[7]. Na espera do encontro – o encontro que encerra todas as coisas que têm um tempo –, nossa história se constitui como rastro de nosso passado. Esse trânsito é que nos faz viver a lembrança e a espera. Neste horizonte móvel está inscrito tudo aquilo com que estou "em preensão", aquilo sobre o que posso agir. Mesmo a espera é "preensão": uma

---

5. Alexander Pfänder, "Zur Psychologie der Gesinnungen", *Jahrbuch* für *Philosophie*, 1, 1913.
6. Maurice Merleau-Ponty, *Phénoménologie de la perception*. Paris: Gallimard, 1945. Ed. bras.: *Fenomenologia da percepção*, tradução de Carlos Alberto Ribeiro de Moura. São Paulo: Martins Fontes, 2006.
7. J. Zutt, "Der ästhetische Erlebnisbereich und seine Krankhaften Abwandlungen", *Nervenarzt* (Berlim e Heidelberg), 23, pp. 163-169, 1952.

"preensão" determinada pelo entrelaçamento entre tempo constitutivo e tempo constituinte, entre temporalidade das intenções e o "levar em conta o tempo" das intenções. Como se sabe, para esclarecer a experiência do trânsito, Husserl introduziu as noções de *retensio* e *protensio*: a primeira indicando nossa ligação com o passado, ainda que esse se esfume cada vez mais, até um limite indefinível (não há um passado puro, mas uma experiência que se dissolve até quase seu ponto de raridade e de desaparecimento); a segunda a indicar a radical estranheza daquilo que nos acontece: até mesmo de nossa própria morte, o último horizonte presente em nós desde o primeiro instante de vida.

Viver é buscar o tempo perdido, mas sobretudo se abrir a um tempo novo. Graças ao movimento profundo do Eu – um Eu que se torna si mesmo ao sair de si mesmo –, vive o presente: um estranhamento que se torna estranheza, trânsito em direção a uma condição estrangeira. Nós não passamos através de instantes preexistentes como ao longo dos dias da vida: nós mesmos somos a passagem de momentos intencionais parciais e fragmentários, presença que surge e se cumpre no mundo. A abertura desse campo de presença – o presente – é instaurada pelo olhar, momento por definição[8].

Padeço a espera não mais do que padeço a vida. Na espera meu Eu se determina e se expande. Claro, pode haver uma espera passiva, mas minha espera não é por alguma coisa que deverá acontecer: minha espera é meu caminho rumo àquela clareira onde se iluminam as figuras e as coisas do mundo. Esperar, então, é transitar em direção às coisas, e esse trânsito implica uma reciprocidade que prevê também o retorno a mim mesmo. O meu Eu sempre está em posição *ek-statica*, fora do sujeito: é dali que se projeta, transcendendo-se, dando sentido ao mundo. Portanto, se no tempo deve ser procurada a chave da compreensão de minha relação com o outro, então da espera devemos apreender todo o significado existencial: em suas renúncias, nos modos diários da existência, particularmente naqueles que se afastam das supostas "normas".

Há condutas naturais em que é possível apreender uma espera – que poderíamos chamar biológica –, expressão de atividades reflexas da vida animal e outras intencionais, ainda que sustentadas por um impulso instintual genérico, de curto ou longo prazo. Por exemplo, não seria implausí-

---

8. Maurice Merleau-Ponty, *Fenomenologia da percepção*, op. cit.

vel considerar paradigma de esperas biológico-instintivas aquela da aranha que, imóvel, no centro de sua teia, "espera" os sinais da presa. Pensemos, por outro lado, naquelas situações humanas conscientes e intencionais, sustentadas por um impulso instintual biológico prorrogável dentro de certos limites: o caçador à espreita ou o pescador à espera que o peixe morda a isca, a sentinela, o francoatirador pronto a atingir seu alvo, os atletas à espera da largada, o viajante numa sala de espera e assim por diante. Trata-se de modos de espera que não se prolongam indefinidamente, que vivem num horizonte temporal indeterminável e podem limitar-se a um momento específico ou dilatar-se conforme as diferentes situações: em todos os casos, sempre é necessário um estado de vigilância, de alerta, de tensão.

Há também esperas que se manifestam em situações bem definidas e bastante comuns: a espera da chegada do trem das dez, a adicional e impaciente espera decorrente do anúncio de um atraso, a espera trêmula de um encontro, a espera do início de um concerto, de uma manifestação pública, a espera de um soldado no fronte, a espera da multidão pelo aparecimento do seu líder. Essas e outras situações, por assim dizer, de temporalidade definida, tecem a trama temporal de nossa vida: a cada vez, calma, convulsa, trêmula, frenética, distanciada, participante, febril, receosa, invocadora.

Esta análise seria incompleta se não mencionássemos o mutável campo das expressões motoras das esperas: da imobilidade pronta ao impulso ao vaivém "nervoso", da agitação febril das pernas ao tamborilar repetitivo da mão: modalidades, essas, que salientam inadequação situacional e tensão interior. Uma radical temporalização do ser-aí é o que experimentamos em alguns momentos cruciais da vida: a espera de um retorno que não acontecerá; a espera de um amor, que é oferta, sacrifício; a espera da morte irremediável de um ente querido (da frieza de uma unidade de terapia intensiva à naturalidade de um falecimento "doméstico"); a espera de uma intervenção cirúrgica grave de uma pessoa amada; a espera do nascimento de um filho; a espera de uma sentença judiciária ou, pior, de uma execução; a espera do sequestrado isolado, quase em privação sensorial; a espera do náufrago à deriva ou da vítima do terremoto presa nos escombros.

Aqui, o significado da ansiedade da espera e de suas tramas temporais – sua exibição, ausente na emoção e presente no movimento, explicitado ou contido que seja – revela-se em sua totalidade. Na ansiedade da espera muitas vezes acontece observar condutas de evitamento ou de adiamento da decisão e da ação, como tentativa de exercer domínio sobre o tempo e os riscos ligados à decisão. Há também a espera típica dos modos delirantes da experiência de fim do mundo, de estado de sítio, de anulação catastrófica do *Self* e mais. Mas há também uma espera preparatória, como passagem de uma ameaça iminente a um estímulo: quer como simples *conatus*, quer como furor heroico. A experiência preparatória das grandes esperas – as mais profundamente ancoradas às próprias convicções, à própria cultura e às próprias esperanças – mostra uma ulteriorização do ser-aí: a espera por um Advento mundano ou ultramundano; a espera de uma *renovatio* ou de uma *parusia*; a espera do Messias; a espera temida ou desejada da própria morte. Aqui estamos diante da lenta dissolução, do perder-se no tempo, da frustração do objeto esperado, quase como se tudo se concluísse em um caminho interrompido. Na raiz dessas grandes esperas humanas – há prova disso na Bíblia, no Evangelho e em toda teologia –, há sempre a espera do "dia": uma espera que se torna esperança. Nesse sentido, se o futuro é o tempo da espera, então a espera é, ela mesma, a estrutura da liberdade, pois uma liberdade sem futuro não é liberdade.

Nesta altura temos de nos perguntar: é possível captar a espera nos outros? Na medida em que é sentimento direcionado, podemos apreendê-la apenas em algumas situações concretas: visões de essências, dimensões empático-intuitivas. Decerto, as idades da vida caracterizam muito as esperas, modulam suas expressões. Na criança, por exemplo, a espera revela o vínculo que ele tem com a trama temporal e suas determinações mundanizadas: um prêmio ou uma punição são eventualidades impregnadas de presente. Na criança as esperas se tornam progressivamente mais intensas, *pari passu* com o aparecimento da consciência de si, embora, pela vivacidade da imaginação e a tendência a se ancorar ao sentido da realidade, seja muito difícil identificar os temas das esperas infantis. Nesse caso também as possibilidades da espera, a abundância de suas fontes e de suas variações, são de riqueza ilimitada.

Na velhice, último modo da existência, a espera parece exposta a transformações profundas. O velho se confronta, amiúde, com uma solidão nada criativa, desassossegante, estranha, hostil, impregnada pelo medo do fim. Pensemos na figura do velho solitário empobrecido pelo rareamento progressivo de suas relações e de suas esperanças, com a inevitável limitação e progressiva esterilidade da temporalização. O fluxo cronológico de seu tempo é indiferente aos acontecimentos humanos, ao evento, à oportunidade. Assim, se a espera sempre é projetada para situações novas, nas dimensões temporais e humanas da velhice ela parece reduzida e empobrecida, progressivamente enrijecida. Aqui a passagem da espera mundana à Espera transcendente pode constituir-se em alternativa ao fim total e, dentro de certos limites, como é possível perceber em um bom número de doentes graves, tornar-se um impulso imprevisto da espera vital.

Em sua manifestação mundana, a espera pode ser radicalmente frustrada, tornar-se intolerável, extinguir-se. Poderia acontecer ao abandonar a extenuante fila apenas a poucos passos do guichê ou vê-lo fechar-se em nossa cara. Então a desorientação nos invade, a raiva, a decepção, a angústia. Essa angústia é ainda mais insustentável quando nos identificamos com nossas esperanças e, depois, repentinamente, temos de acertar as contas com a realidade. Nesse caso, o inesperado se manifesta em toda sua dilacerante negatividade. No sentido oposto, mesmo o inesperado pode ser esperado. Certos desesperos são tão mais dilacerantes porque se refugiam na última Thule da espera do inesperado. Quando esta última espera também se dissolve, ingressamos nos aposentos vazios da melancolia, onde toda espera, vital ou ontológica, pessoal ou mundana que seja, se bloqueia. Daqui se entra no tempo *figé* do psicótico, no espaço fragmentado e desconjuntado da momentaneidade maníaca, na viagem sem retorno do tempo perdido do paciente demente.

Este eclipse da espera se projeta até os "lugares que esperam", os lugares da espera. Construindo as igrejas, as escolas, os hospitais, os cemitérios, o homem inscreveu aí suas expectativas, quase a resumir a ambivalência das esperas humanas: viver aí a própria espera, na espera de que a esperança se cumpra, e sentir que ali estamos sendo esperados, como em um encontro inevitável.

À espera do amanhecer

*Eu ando pelas ruas novas de nossas cidades
e penso que, de todas essas casas horrorosas que a geração
dos homens da opinião pública construiu para si,
daqui a um século nada ficará em pé,
e que então as opiniões dos construtores terão caído.
De quanta esperança, ao contrário, podem participar todos aqueles
que sentem não pertencer a este tempo!
Se o fossem, cooperariam a matar seu tempo
e a morrer com ele; mas, ao contrário, preferem despertar
o tempo à vida, e nessa vida eles sobrevivem.*
Nietzsche

A esperança é uma esfera da experiência humana de múltiplas acepções, implicações conceituais e níveis de sentido. Preponderantemente ausente em psicologia, muitas vezes é assimilada à espera e ao medo. Mas, se a espera pode não ter relações com a esperança, o medo mantém com ela uma relação estável. Com efeito, tanto o medo quanto a esperança tendem a um objetivo, e ambos expressam uma preocupação de fundo: a primeira está voltada para trás e se acompanha de uma sensação desagradável de insegurança que suspende a ação; a segunda se alimenta de futuro e solicita a ação.

A esperança surge quase exclusivamente na esfera dos sentimentos, é desprovida de relações com a vontade, é independente da ação e se entrelaça com eventos extrarracionais. É um sentimento ambivalente, quase uma sublimação do medo. Medo e esperança, todavia, não são sentimentos contrapostos. Para quem espera, o mundo é inesgotável e, de algum modo, esperar significa despedir-se das coisas próximas, da satisfação imediata dos desejos, da pretensão de eludir as perguntas sobre o sentido de viver, das respostas materialistas às questões postas pela existência humana. A esperança deve ser distinguida do otimismo: otimista é aquele que não pensa em dar uma direção diferente ao futuro. Por outro lado, se a esperança está além do otimismo e do pessimismo, sem otimismo não pode haver esperança e vice-versa.

O PRINCÍPIO ESPERANÇA

Em *O princípio esperança*[1], Ernst Bloch elabora uma filosofia da esperança a partir de algumas objeções radicais aos filósofos da existência que, com seu ser-para-a-morte, se colocariam no caminho da angústia e do desespero. O princípio da esperança se opõe ao princípio da angústia da reflexão heideggeriana de *Ser e tempo*, em que o filósofo alemão – mediante conceitos como pensar a morte, ser para a morte, preparar-se para a morte, aprender a morrer – elabora uma verdadeira apologia da condição mortal. Bloch tenta libertar seu pensamento da tradição filosófica que, de Platão a Heidegger, se autorrepresenta como um amor pela morte, uma espécie de "tanatofilia". Aqueles que pretendem que após a morte haja uma vida ultraterrena ou apenas o nada, ele afirma, não têm argumentos mais convincentes do que aqueles que consideram que possa haver outro mundo.

Bloch crê em um novo alvorecer, na possibilidade de uma vitória da luz sobre a escuridão. Essa confiança intensa é abrandada apenas pela consciência realista de que a esperança permanece esperança e que, no fundo, a evolução da espécie humana foi guiada por forças invisíveis e incontroláveis, que a tradição chamou Deus. O Deus blochiano, todavia, não é o Deus do homem comum. Com um surpreendente paradoxo, ele afirma que o "melhor cristão é o ateu": é ele quem tira da religião aquela aura de exterioridade imagética (às pessoas e aos fatos, a Jesus e aos milagres), deixando intacto seu núcleo mais poderoso: os desejos mais profundos dos homens[2]. Nesse sentido, a religião é mais importante que a filosofia. Na perspectiva de Bloch, a busca do núcleo racional dentro da casca místi-

---

1. Ernst Bloch, *Il principio speranza: scritto negli USA fra il 1938 e il 1947*, tradução de E. De Angelis e T. Cavallo, Milão: Garzanti, 1994. Ed. bras.: *O princípio esperança*, tradução de Nélio Schneider e Werner Fucks, Rio de Janeiro: Contraponto, 2005.
2. Ernst Bloch, *Ateismo nel cristianesimo: per la religione dell'esodo e del regno*, tradução de F. Coppellotti, Milão: Feltrinelli, 1983.

ca valoriza a própria casca mística das religiões, desde que aquele núcleo racional seja vivificado por desejos e expectativas, porque ele só vive ao lume da esperança.

Se para Hidegger o caminho da autenticidade radical – quer se trate de um povo ou de um indivíduo isoladamente – está no ser-para-a-morte, para Bloch as energias vitais vivem na (e da) esperança. Essa dimensão comunitária é similar a uma fuga musical (pensemos em certos corais de Bach), em que todos, indivíduos e povos, elevam um canto ao céu, em uma polifonia cujas vozes tendem à unidade, colocando em imagem o caminho da esperança na história humana.

Portanto, é preciso aprender a esperar, recusar uma vida ruim, uma vida miseranda, insignificante, lançada passivamente no mundo. Na hermenêutica da esperança blochiana, o futuro – ainda não real e ainda não consciente – é uma dimensão essencial. Sua interpretação ateia do messianismo bíblico e seu marxismo "crítico" objetam ao marxismo "ortodoxo" o abandono da utopia em nome de uma práxis científica e de uma crítica constante da tradição. A pesquisa blochiana serve de contraponto à história oficial do marxismo. Acreditou-se demasiado cedo, afirma ele, que o marxismo, ao se tornar científico (e por conseguinte dogmático) teria mais sucesso. Deste modo, deixou "entre os espinhos" as aspirações dos homens a uma vida melhor, o que o próprio Marx chamava de "o sonho de uma coisa".

Ao contrário dos marxistas ortodoxos – cujo horizonte último é a unidade essencial entre homem e natureza, típica de uma sociedade não alienada –, Bloch não deseja a mobilização cega dos homens rumo a uma vida melhor (que ninguém sabe onde seria), mas imagina que essas energias humanas, que de outro modo se dispersariam, possam funcionar como propelente para um projeto racional de sociedade. O filósofo procura mostrar a presença, na esperança, de uma tendência dos homens a desejar coisas que lhes deem gratificações cada vez maiores, mais sentido para a existência. Em Bloch há ausência total do esnobismo de Adorno, que despreza os desejos das pessoas comuns. Embora se mostre severo com certas formas de comunicação, leva a sério também os fenômenos aparentemente banais veiculados pela publicidade.

A esperança, que revela os movimentos profundos do mundo, não é um prêmio de consolação para as vicissitudes existenciais individuais e da história, mas a sístole e a diástole da mudança das coisas. Nossa própria mente é um universo que se inscreve no horizonte da esperança, não mais o espelho de uma realidade imóvel. Como na imagem kantiana – em que a "pomba branca da razão", convicta de que o ar seja seu obstáculo, não vê que é precisamente o ar que sustenta seu voo –, a esperança é o ar que sustenta a razão. Sem a esperança, a razão não levantaria voo, e sem a razão a esperança se tornaria cega. Na realidade, Bloch não procura uma solução sentimental para os dilemas do viver. A esperança permite que o pensamento vá além do imediatismo da experiência: ela é o fundamento essencial da razão humana.

Há muitos homens que conferem uma excessiva importância à racionalidade, convictos de que nossas condutas podem ser imputáveis apenas a motivos racionais; e há tantos outros que acreditam que no mundo não há nenhum sentido e que nossas ações são guiadas pela pura vitalidade. A esperança, ao contrário, tem um caráter concreto. Primeiramente, ela não é certeza – não por acaso, Bloch recorda uma imagem esculpida na porta do Batistério de Florença que representa a esperança (*Spes*) com os braços voltados ao céu, tentando agarrar alguma coisa –, mas voltar-se para um horizonte ulterior. Sua utopia concreta afirma duas coisas: de um lado, que a espera por um mundo melhor não pode ser entregue apenas à "corrente fria" da racionalidade (não basta enunciar uma coisa verdadeira para que entre na cabeça dos homens); de outro, que essa "corrente fria" deve ser mitigada por uma "corrente quente" (não basta mobilizar os homens para acreditar que se pode ir na direção correta). É preciso compreender que a racionalidade é indissociável das emoções. Portanto, se não é racional acreditar que basta enunciar o verdadeiro para que ele se realize, tampouco é plausível uma mobilização fundamentada em pulsões ou impulsos irracionais. Bloch não ama a tendência iluminista de procurar a transparência absoluta. Ao reconhecer a presença do núcleo de escuridão que nos habita, ele não cede ao fascínio cativante do enigma pelo enigma. Procura, antes, passar da escuridão à claridade sem apagar as refrações da escuridão. Isso também diz respeito à morte, que não é nossa desconhecida. Já a experimentamos quando vivos: instantes de densa opacidade, sonhos obscuros, cinzentas intermitências dos quais nossa existência é constelada. Assim como vivemos a morte a cada instante de opacidade, nós vivemos o eterno na plenitude do instante.

À espera do amanhecer

NA BASE DO FAROL NÃO HÁ LUZ

Bloch parece querer reduzir os espaços contrastantes da existência, fazendo recuar a linha de sombra que nos atravessa: e mais, multiplicando os instantes do encontro conosco mesmos. O princípio esperança pede o encontro conosco mesmos. É singular: sempre estamos em nossa própria companhia, mas quase nunca nos encontramos. Somos destinatários de todas as mensagens que nos alcançam das distâncias siderais do inconsciente, dos sonhos e dos desejos, mas eles permanecem, na maioria das vezes, indecifráveis. A esperança é o único remédio à vida que levamos à distância de nós mesmos. A utopia é reencontrar o sentido de nós mesmos nem tanto sozinhos, mas na comunidade. Vivemos junto dos outros e, portanto, conhecemos parte de nós mesmos também por meio dos outros. Em muitos aspectos, o "nós" é mais hospitaleiro que o Eu, embora este – seja qual for seu significado – nos corresponda imediatamente e seja, por assim dizer, mais próprio a nós mesmos. Em suma, quando encontramos o Eu encontramos também o nós, e quando encontramos o nós encontramos também o Eu. Sonhos, desejos, esperanças costeiam o caminho de cada vida humana. Como chamas que se acendem e se apagam, vivem em uma miríade de existências diferentes, múltiplas, intermitentes, irredutíveis a uma única verdade.

A utopia blochiana vive no presente. Cada instante pode se tornar significativo, até eterno. Vem ao pensamento a poesia de William Blake:

Para ver um Mundo num grão de areia
E um Céu numa flor selvagem
Segura o Infinito na palma da tua mão
E a eternidade numa hora.

Essa "eternidade" não é um tempo infinito, um tempo dilatado além de qualquer dimensão finita, mas plenitude do existir, plenitude daqueles momentos em que o sentido das coisas se nos revela, para além da impermanência do instante vivido. A descoberta mais original que qualquer outra é ter compreendido que nossa consciência do presente – o cristalino e transparente presente – é na realidade opaca. O presente é opaco ou, como dizia Bloch, recordando um provérbio chinês: "Na base do farol não há luz". Portanto, não temos de nos projetar no futuro como tal, mas lançar luz, através da esperança, no centro de nosso ser, devolvendo sentido a cada instante de nossa existência: como acontece com a arte, particularmente a música, lugar por excelência de *pathos* e de perfeição formal. A esperança não é somente medida, mas também *pathos* que mobiliza os ânimos, restituindo-nos sentimentos alternados de exaltação e tristeza: embora regidos por um pensamento intransigente.

O princípio esperança se alimenta das histórias nas quais tiveram lugar eventos que fecundaram o tempo futuro. Bloch exorta a prestar a máxima atenção aos sonhos "de olhos abertos": são precisamente esses os sonhos cuja realização os homens perseguem "dia e noite". Para Shakespeare, que se perguntava qual era a matéria dos sonhos, Bloch responde que essa matéria é a esperança. Uma matéria muito diferente daquela dos sonhos noturnos analisados pela psicanálise, não só pela ausência de censuras e simbolizações, mas sobretudo por sua capacidade de antecipar o futuro e não se deixar enredar pela reflexão sobre o passado recalcado. Os sonhos diurnos – elementos seminais de toda utopia – manifestam-se nas "idades juvenis da história", ao alvorecer de novas expectativas: nos anos da juventude, nos períodos revolucionários, na criatividade artística e cultural. Mesmo que permaneça incompleto, o destino do homem vive precisamente nos sonhos de olhos abertos. Na escuridão sua própria identidade lhe escaparia. Porque nunca sabemos realmente o que somos. Demasiadas são as coisas repletas de algo que falta. Essa condição umbrática deveria nos impelir naturalmente rumo à luz, mas a energia só nos pode ser devolvida pela esperança: a mais autêntica revelação humana, a mais humana de todas as emoções. Nesse sentido, poderíamos dizer que o homem "é" esperança, e não que "tem" esperança.

Em sua multiforme enciclopédia dos desejos humanos, Bloch discute aqueles sucedâneos da esperança dissimulados nas inúmeras imagens do desejo: a moda, as diversões populares (filmes, contos da carochinha, folhetins, feiras, circos), até as aspirações a um mundo melhor implícitas nas utopias sociais, científicas, tecnológicas. Nesse grande mapa dos territórios da esperança, há também uma análise daqueles paraísos dos preços reduzidos que são os supermercados, o desejo de dentes brancos, de cintura fina: enfim, aquele conjunto de desejos diários alimentados pela publicidade. Contra o esnobismo da escola de Frankfurt, Bloch observa que a cativante maquiagem da moça, ou então a mísera condição do garoto que sonha grandes empreendimentos, são uma casca provisória de sua vivência atual.

A esperança não diz respeito somente à utopia ou às grandes construções políticas. Diz respeito também, e talvez sobretudo, às formas de grande arte, como a música e a pintura. As obras de arte, experiências refinadas e condensadas, não devem ser contrapostas à vida. O sentido da existência, não o encontramos nos museus ou nos livros: mesmo as coisas banais, as menores, óbvias e cotidianas, têm sua importância. Contudo, as obras de arte são destilados de experiências que nos colocam em contato com o mistério indecidível das coisas. Bloch, que amava a pintura surrealista, recorda que De Chirico assinava seus quadros acrescentando ao lado um mote latino: *"Et quid amabo nisi quod enigma est?"* ("E o que amarei, a não ser o que é enigmático?").

De Shakespeare a Hölderlin, de Cervantes a Leopardi, os sonhos são sonhos. Toda a grande poesia é linguagem do sonho, e portanto a arte não precisa anunciar ou denunciar: se cumpre em si própria. Por isso os sonhos diurnos, aqueles que se realizam na história, têm resultados tremendos. Quando se realizaram – ou seja, toda vez que a utopia revolucionária prevaleceu sobre a esperança que reside no coração dos homens –, mais que realização de um sonho, transformaram-se em pesadelos. Diante de seu desmedido finalismo, a esperança não tem mais motivo nenhum para existir.

Como é evidente, refletir sobre a esperança implica importantes aberturas categoriais e conceituais. Na medida em que é modo existencial de base, que testemunha a historicidade do homem e de seu *status viatoris*, ultrapassa as esferas somáticas e psíquicas, como uma ulterioridade irredutível, uma tendência à superação de si mesmo na futurização da própria existência. Fazendo parte da trama de toda experiência nascente, a esperança não conduz à simples vida interior, mas a alguma coisa que independe da ação: melhor dizendo, da ação sobre si próprio.

Promessas por vir

A esperança não tem apenas uma dimensão teológica e filosófica, mas também uma esfera afetiva que se expressa em dois níveis: o primeiro relativo ao valor de si mesmo, o segundo relativo ao valor dos outros. Em sua já clássica pesquisa, *A estrutura da personalidade*[3], Lersch coloca a esperança

---

3. Philipp Lersch, *La struttura del carattere*, tradução de Carlo Berlucchi, Pádua: Cedam, 1950.

– não diversamente da espera, da resignação, do desespero, do desânimo e do pessimismo – entre os sentimentos voltados ao porvir: uma promessa de realização de valores, uma declaração prometeica de amor pelo futuro. Quanto mais intenso o sentimento da vida, tanto mais intensa a esperança.

Na criança, a esperança tem um horizonte limitado. Seu olhar não vai muito além do presente: é capaz apenas de breves e intensas esperas. A esperança aflora na puberdade em forte entrelaçamento com dinâmicas evolutivas e se torna manifesta pelo ímpeto em direção a empreitadas importantes. Na realidade, ela se manifesta somente naqueles que têm disposições de caráter peculiares. Há, de fato, indivíduos que esperam intensamente a vida toda e outros capazes apenas de fracas emoções.

A esperança tem uma relação profunda com a desilusão: quanto mais intensa a esperança, tanto mais fraca é a desilusão, sentimento este que frequentemente anda na companhia da resignação, da tomada de consciência da impossibilidade de realização do futuro (no polo oposto da esperança, que tem o futuro como horizonte de realização dos valores). Portanto, se a esperança dilacera o véu do tempo, o desespero o recompõe em um tempo fechado. No desespero o fechamento do tempo é fechamento de nossa própria existencialidade, porque acomete o fundamento ontológico do homem: o futuro representa um presságio sinistro que ameaça a vontade de viver, a impossibilidade de todo querer. É uma crise radical que abala as próprias raízes do ser e revela o que há de mais profundo na existência. Não é implausível distinguir entre desespero biológico e desespero existencial: o primeiro expressa a incapacidade de uma autoconservação individual, o segundo o malogro das tentativas de realização dos próprios valores existenciais.

Em sua longa história conceitual, filosófica e teológica, a ideia de esperança entrelaçou-se a imagens do sentir comum, como "ter a esperança de conseguir", "perdi toda esperança", "ainda tenho esperanças". Não se compreenderia a natureza desse sentimento se não considerássemos, em primeiro lugar, o significado de algumas instâncias próximas da esperança, como a espera, o receio, mas sobretudo o fato de ela estar marcada de intencionalidade: de fato, sou eu quem espera, admira, odeia, qualificando assim minha existência.

É preciso apreender a esperança na atualidade da experiência. Não pode ser "sentida" porque não tem um sistema sensorial para percebê-la. No entanto, pode ser captada, em situação: pensemos na mãe que espera que cheguem logo notícias de um filho distante, em um doente que espera o próprio restabelecimento, em um acusado que espera o resultado positivo de sua sentença e assim por diante. Para além da dimensão privada do esperar, deve ser considerada também a influência que a esperança alheia tem em nós. Ambas essas experiências geram movimentos interiores: no primeiro caso, porque elementos dinâmicos internos agem no Eu; no segundo, porque o Eu recebe em troca uma contribuição dinâmica externa. Seja lá como for, da esperança alheia só se pode fazer uma experiência indireta. Podemos apreendê-la no olhar, como um elemento implacável. Quanto mais ela dá uma direção (uma energia invasiva e dinâmica que produz uma transformação aparentemente alienante), tanto mais a experiência da esperança é profunda.

Pode-se estudar a esperança apenas no âmbito da subjetividade transcendental (aqui o termo "transcendental" não remete à mera reflexão sobre um fenômeno privado ou pessoal, mas às estruturas essenciais de um fenômeno subjetivo). A esperança, portanto, faz parte da matriz subjetiva de toda experiência. A análise fenomenológica – que Husserl definiu "intencional" (portanto, nem lógica, nem filosófica) – diz respeito ao próprio fenômeno, à sua estrutura, não às expressões que a ele se referem. Basta pensar nos diferentes graus do esperar: de seu ser fundamento de nossa ação a seu ficar na sombra, de seu invadir nossa consciência corpórea a ficar totalmente estranha a ela e assim por diante. E isso, repare-se, independentemente do fato de que quem espera é um estudioso, um místico ou um pobre de espírito. No conhecimento fenomenológico experimentam-se o tempo todo perplexidades, surpresa, frustração. A descrição – por negação, metáfora ou analogia – sempre é seletivamente concentrada nas características fundamentais do fenômeno.

Biswanger[4] inclui a esperança na esfera da *Sorge*. *Sorge* e amor são dois aspectos existenciais distantes entre si. O amor, com efeito, não é somente paixão, mas também afeto profundo pelo amigo, o filho, o pai. O mesmo vale para a esperança. Esta, aliás, doa ao amor a duração (aqui a categoria da temporalidade retorna em toda sua potência). A esperança, por sua vez, é oposta ao tédio, que se caracteriza por um tempo destituído de decisões.

---

4. Ludwig Binswanger, *Per un'antropologia fenomenologica*, tradução de E. Filippini, Milão: Feltrinelli, 1970.

A esperança doa tempo, dá credito, restitui espaço à experiência, é aventura, abertura para o mundo – mesmo quando este contraria nossos desejos. Claro, podemos nos recusar à esperança, como podemos nos recusar ao amor. Ela permanece, no entanto, uma ulterioridade insuprimível do homem: aceitá-la ou recusá-la significa aceitar ou recusar ser homem.

Na ontologia da esperança, Gabriel Marcel[5] havia captado uma abertura para a transcendência encarnada na presença. Por outro lado, uma física da esperança seria totalmente impensável. Na medida em que é princípio espiritual originário e não derivável, a esperança vive no tempo, mas o supera amplamente. A esperança é a forma mundanizada deste talento, o fundamento de toda antropologia. Então temos de nos perguntar: por sua natureza afetiva e sua forte intencionalidade, a esperança pode ser incluída entre as atitudes humanas fundamentais como a amizade, o amor, a hostilidade, o ódio? Certamente é um sentimento direcionado, inassimilável às esferas elementares como a atenção, a vontade, ou como os sentimentos de prazer e desprazer, cujas características essenciais são as de ligar sujeito e objeto, a direcionalidade rumo ao objeto, a singular "temperatura psíquica" de seu desdobramento. A esperança não destrói seu objeto, mas tampouco admite sua autonomia: de fato, implica calor, qualidades vitalizantes e uma união íntima com o objeto, sem nunca se identificar com ele. Ela pode se mundanizar, desancorar-se da realidade, transformando-se em um daqueles sentimentos que, embora genuínos, permanecem desligados dos "costumeiros" níveis emocionais. Nesse sentido, pode se constituir como uma atitude de base que ultrapassa o desespero, sem ser acompanhada por uma sensação de esforço.

Mas quando e em quais situações existenciais a esperança se manifesta? Em primeiro lugar, quando se deixou para trás o tranquilizador território da racionalidade. Sua marca autêntica é a inocência e a pureza, a testemunhar sua vitalidade à medida que a experiência se faz. A esperança nasce numa *distensio* temporal da existência (a paciência, a renúncia à pressa), numa extraordinária tensão voltada ao futuro, como pura possibilidade (que quer permanecer como tal) de se transfigurar em ação.

---

5. Gabriel Marcel, *Dialogo sulla speranza*, tradução de Enrico Piscione, Roma: Logos, 1984.

À espera do amanhecer

Fenomenopatia da esperança

A esperança tem também uma dimensão psico(pato)lógica. Na literatura psiquiátrica, em geral é considerada como um aspecto da vida instintiva, um impulso criativo que limita a tendência à dissolução e à autodestruição. Do ponto de vista psicanalítico, representa a lembrança da infalibilidade materna e das recorrentes gratificações orais, ou então a negação contrafóbica do erro ou do desespero produzidos pelos impulsos de autodestruição. Menninger[6] define-a como uma obscura consciência de desejos inconscientes que tendem a realizar-se como os sonhos.

Uma esperança "ociosa" seria totalmente inconcebível: pensamentos e desejos estão fortemente entrelaçados com sua realização, mesmo quando abandonados por sua impossibilidade de realização. Eis por que é impossível uma esperança fraca ou passiva. Além disso, entre esperança e otimismo a diferença não poderia ser maior. O otimismo sempre implica uma distância da realidade que abranda a frustração, real ou potencial, em razão da dificuldade dos obstáculos. Por outro lado, precisamente como o pessimista, o otimista tem um Eu hipertrófico, à diferença de quem alimenta a esperança, sentimento que habita o coração dos humildes. Há páginas esplêndidas que narram o encontro dos médicos com os deportados de Buchenwald, logo depois da libertação, nos quais a energia vivificante da esperança se liberta com uma potência inenarrável.

Na esperança entram em jogo instâncias que vão além do narcisismo, até mesmo além do *Self*. Como todo médico sabe, a esperança alimenta a esperança. O próprio trabalho psicoterapêutico não pode deixar de dizer respeito também ao aspecto social, à comunicação inter-humana. A esperança, com efeito, é fortemente influenciada pelas transformações da vida afetiva e da existência. Por exemplo, podemos encontrar a emergência de sentimentos específicos (tédio, abatimento, desânimo, desespero) e, ao mesmo tempo, o manifestar-se de existências malogradas, falidas, em que a esperança se extingue em um dia a dia não raro grotesco e alienado. Por outro lado, pela não derivabilidade dos aspectos formais (o esperar do delirante pode não ser diferente daquele de um não delirante) e daqueles temáticos (pode-se esperar em um evento impossível precisamente como em um

---

6. Karl Menninger, *Man against himself*, Nova York: Harcourt, Brace & World, 1938.

evento possível), é bastante difícil conceber uma psico(pato)logia da esperança. Podemos apenas apreendê-la em alguns modos de existência como os maneirismos ou a exaltação obcecada de que Binswanger fala, ou então em determinadas desordens afetivas como a depressão, a tristeza vital, o *taedium vitae*, as ideias e os comportamentos suicidas.

Esquematizando, podemos distinguir quatro aspectos categoriais da esperança: transcendente, mundano, pessoal e vital. Os dois primeiros ligados a aspectos objetivos, os outros, a aspectos subjetivos. O aspecto transcendente diz respeito aos valores ultraterrenos da esperança, aqueles em relação com a fé e o alcance do bem supremo. O aspecto mundano diz respeito aos valores cotidianos da esperança, os que entram em jogo na relação com os outros e seu secularizar-se. Expressa a tensão no que tange ao alcance de bens mundanos (riqueza, honra, saúde). O aspecto pessoal diz respeito ao âmbito dos afetos e dos valores intersubjetivos (amizade, amor, fraternidade). O aspecto vital, que poderia ser definido como a posição biopsíquica da esperança, diz respeito a necessidades fundamentais do homem e sua satisfação.

Trata-se, evidentemente, de perfis profundamente influenciados pela mutabilidade da existência e pelos eventos psicopatológicos. Em cada um deles, do desencanto ao desespero, a esperança pode se debilitar até desaparecer. O mesmo pode ser dito da exaltação, expressão de hiperatividade afetiva, que pode levar a empreitadas impossíveis para os outros. Portanto, se é verdade que a esperança se manifesta no impulso vital mais do que na meditação, a ausência de evidentes indícios sensório-motores poderia constituir obstáculos interpretativos.

Mas existem indícios empiricamente perceptíveis que revelam esse sentimento? Aqui é preciso um movimento intuitivo, como para todo sentimento ou comunicação empática. Indubitavelmente, na esperança influem fortemente as estações da vida. Por exemplo, a meninice é mais ligada aos aspectos mundanizados da existência: a espera de um prêmio que se realiza quando o futuro está em jogo. O "viver sem amanhã" das primeiras fases da vida não tem a ver com a esperança, porque ela se manifesta com a consciência da experiência, com o constituir-se da autoconsciência. No menino os temas e os conteúdos da esperança são pouco evoluídos, embora potencialmente ilimitados devido à férvida imaginação, típica da idade. Será depois a progressiva estruturação do senso da realidade a redimensioná-los e a transformá-los em senso da possibilidade, mesmo a mais árdua.

Na velhice, ao contrário, a esperança sofre profundas distorções. Sobre ela, desassossegante, paira hostil, estranha, uma solidão embebida pelo medo do fim. O velho se torna mais solitário, suas relações sociais vão rareando cada dia mais. Sua temporalidade se mostra limitada. O tempo escorre apenas em sentido cronológico, indiferente às radiações do encontro humano. Agarrado como está a esquemas enrijecidos, no velho falta o ímpeto aberto às novas situações. A esperança se mostra reduzida, empobrecida, restrita. Talvez, precisamente por isso, pareça uma alternativa radical à ideia de um fim irremediável.

A morte, de algum modo, está ligada à esperança. No idoso, a representação e a aceitação da própria morte se configuram de maneira diferente, conforme ele alimente ou não uma fé religiosa. Mostra-se ainda de muito interesse uma pesquisa de Haider[7], o qual aplicou a cinquenta pacientes psiquiátricos, com diferentes diagnósticos e idade superior a cinquenta anos, um questionário com perguntas diretas relativas ao problema da morte. O cotejo entre os dados de idade, sexo, estado civil, condição socioeconômica, práticas religiosas, estado de saúde, salientou que pacientes que ficaram sozinhos (solteiros, viúvos etc.), pacientes com doenças somáticas e não crentes mostravam uma postura menos angustiada para com a morte.

A relação entre a condição social e a espera da morte é de interesse relevante pela diversidade de relações com a esperança. De fato, se é verdade que a esperança é negada por aqueles que não temem a morte – ainda mais quando a morte é esperada (particularmente entre os não crentes) –, o medo de morrer é mais marcado onde existem vínculos familiares, apesar da possibilidade de poder continuar socorrendo materialmente os próprios familiares.

Claro, se trata de considerações que podem parecer genéricas. Sobretudo pelo fato de não poder distinguir suas variantes. Seja lá como for, sempre é possível remontar de contextos situacionais a âmbitos de categorias específicas. Nas doenças somáticas graves, o abrandamento da vida afetiva anda *pari passu* com o enfraquecimento do sentimento da esperança. Esta,

---

7. Ljaz Haider, "Attitudes toward death of psychiatric patients", *International Journal of Neuropsychiatry* (Chicago), 3, pp. 10-14, 1967.

todavia, resiste também quando o exame da realidade e o juízo clínico parecem testemunhar uma perda irremediável.

    Perguntemo-nos então: onde se origina e o que alimenta esse "agarrar-se a um fio de esperança"? Se o paciente desconhece a própria condição não é difícil compreender porque o sentimento da esperança permanece vivo. Mas se, ao contrário, ele estiver consciente de suas reais condições de saúde ou da iminência da morte como se explica a esperança? É provável que aqui se dê um deslocamento de plano: do pessoal (mundano) ao transcendente. Frequentemente, a consistência de elementos vitais e transcendentes realizam uma efetiva contaminação e fusão dos planos. Pensemos, especialmente, naqueles pacientes nos quais a invocação de uma intervenção sobrenatural tem consequências também na esperança vital, embora sejam raros aqueles que – como Teresa de Ávila[8] – conseguem viver exclusivamente no âmbito da esperança transcendente. Sem dúvida, em sua mais autêntica essência mística, foram as religiões orientais[9] a indicar ao indivíduo a capacidade de experimentar esse aspecto da transcendência.

    O que resta desta viagem? Antes de tudo, a certeza de que a esperança vive em cada manifestação de nossa vida: nas construções filosóficas e políticas, na grande arte como a pintura e a música. Mas, sobretudo no gesto – o maior – o desafio à morte. Sim, porque paradoxalmente a esperança não diz respeito tanto ao futuro quanto ao presente. No sentido de que cada instante pode se tornar significativo, e que devemos aprender a viver o tempo como se fosse eterno: a colher a eternidade em um segundo. Eternidade e plenitude do existir, aqueles momentos de ser, nos quais se revelam o sentido das coisas além da escuridão do presente.

    A nossa consciência, que nos parece tão clara, tão transparente, é na realidade opaca. Opaco é nosso próprio presente. O provérbio chinês "na base do farol não há luz" alude ao fato de que não devemos nos projetar no futuro como tal, mas iluminar através do conhecimento – um conhecimento irradiado de esperança – o círculo interno do nosso ser, dando sentido a cada momento de nossa existência. Esta é a quinta-essência da viagem, carne e sangue de nosso caminho. Esperar significa, então, hospedar infinitas vozes

---

8. Teresa de Ávila, *Libro della mia vita*. Milão: Mondadori, 1996. Ed. bras.: *Livro da vida*, 10ª ed., São Paulo: Paulus, 1997.
9. Carlo Puini, *Il Budda, Confucio e Lao-Tse: notizie e studii intorno alle religioni dell Asia Orientale*. Florença: Sansoni, 1878.

e contradições, abrir nossa casa ao estrangeiro, pois estrangeiros permaneceremos também na terra onde finalmente chegaremos. Poderemos escutar aquelas vozes novamente? Poderemos reconstruir, em torno da esperança, a nossa *communitas*, o nosso destino comum de estrangeiros? Não existem atalhos e teremos ser mais exigentes. Não sabemos se conseguiremos, porque a natureza humana é a natureza da interrogação. Agostinho afirmava: "não amo os corações daqueles que dizem 'encontrei'. Amo o coração daqueles que dizem 'procuro Deus', não o encontrei e, todavia, continuo a procurá-lo". É preciso, pois, procurar, o sentido do nosso viver. Mas se procurarmos, descobriremos que caberá a nós construí-lo, com todos os estrangeiros que nós próprios somos, com o cansaço de compor estas vozes dissonantes, procurando não naufragar na procura de identidades abstratas, ou pior, de abstratas unidades.

Nada daquilo que vive no campo das aparências do mundo existe no singular. O impulso para frente do nosso pensamento por meio dos múltiplos fragmentos da consciência é a perene peculiaridade da vida: esta vida sempre tão distante do equilíbrio, em transição, que brota da escuridão, alvorece e se move em direção a um crepúsculo que sentimos como o final do amanhecer. Cada parte de nós, em cada átimo, é somente um fragmento de uma terra mais vasta, que se projeta ao longo de diversos raios, como a rosa dos ventos da bússola. Vive nisso a esperança: aquele sentimento de todos os possíveis que ainda não enxergamos.

Sobre o autor

Mauro Maldonato é médico psiquiatra. Professor de Psicologia Geral na Universidade della Basilicata, estudou na Universidade La Sapienza (Roma), Federico II (Nápoles), London School of Economics (Londres) e École des Hautes Études em Sciences Sociales (Paris).

Foi professor visitante na Pontifícia Universidade Católica de São Paulo (PUC-SP), na Universidade de São Paulo (USP) e na Duke University (EUA). Dirige o Cognitive Science Studies for the Research Group, na Duke University. Diretor científico da Settimana Internazionale della Ricerca, é autor e curador de livros e artigos científicos publicados em diversos idiomas.

No Brasil é colaborador das Revistas *Scientific American* e *Mente e Cérebro*, além de pesquisador convidado do Núcleo de Estudos Africanos do Laboratório de Teoria da História do Departamento de História da USP. Em 2001, teve seu primeiro livro inédito publicado no Brasil: *A subversão do ser: Identidade, mundo, tempo e espaço*, pela Editora Peirópolis. Três anos mais tarde, em 2004, lança *Raízes errantes*, pela Editora 34.

Recebeu o prêmio Vasco Prado para as Artes e as Ciências, promovido pela Universidade de Passo Fundo durante a XI Jornada Nacional de Literatura, em 2005, e, em 2012, foi agraciado com o prêmio internacional *Conference on Time* pela Universidade dos Emirados Árabes.

Bibliografia

O TEMPO DO CORPO

Breton, André. *Arcane 17*. Nova York: Brentano's, 1945. Ed. bras.: *Arcano 17*. Trad. de Maria Teresa de Freitas e Rosa Maria Boaventura. São Paulo: Brasiliense, 1985.
_____. *La revolver à cheveux blanc*. Paris: Éditions des Cahiers Libres, 1932.
Callieri, Bruno. *Quando vince l'ombra*. Ensaio introdutório de Mauro Maldonato. Roma: Edizioni Universitarie Romane, 2001.
_____. *Psichiatria*. Enciclopedia del Novecento, 5, 1981.
Cargnello, Danilo. *Alienità ed alterità*. Milão: Feltrinelli, 1966.
Husserl, Edmund. *Idee per una fenomenologia pura e per una filosofia fenomenologica*. Turim: Einaudi, 1965. Ed. bras.: *Ideias para uma fenomenologia pura e para uma filosofia fenomenológica*. Trad. de Márcio Suzuki. Aparecida: Ideias & Letras, 2006.
_____. *The idea of phenomenology*. Haia: Nijhoff, 1970. Ed. port.: *A ideia da fenomenologia*. Trad. de Artur Mourão. Lisboa: Edições 70, 2000.
Kafka, Franz. *La metamorfosi*. Alba (CN): San Paolo, 1993. Ed. bras.: *A metamorfose*. Trad. de Modesto Carone. São Paulo: Companhia das Letras, 2006.
Leder, Drew. *The disappearance of the body*. Chicago: Chicago University Press, 1991.
Lyotard, Jean-François. *La phénoménologie*. Paris: Presses Universitaires de France, 1954. Ed. bras.: *A fenomenologia*. Trad. de Mary Amazonas Leite de Barros. São Paulo: Difusão Europeia do Livro, 1967.
Merleau-Ponty, Maurice. *Le visible et l'invisible*. Paris: Gallimard, 1964. Ed. bras.: *O visível e o invisível*. Trad. de José Artur Gianotti et al. 4ª ed. São Paulo: Perspectiva, 2009.

OLIVERIO, Alberto. *La vita nascosta del cervello*. Milão: Giunti Editore, 2009.
VARELA, Francisco et al. *The embodied mind: cognitive science and human experience*. Cambridge, Mass.: The MIT Press, 1991.
WILDE, Oscar. *Il ritratto di Dorian Gray*. Turim: Einaudi, 1996. Ed. bras: *O retrato de Dorian Gray*. Trad. de Enrico Corvisieri. São Paulo: Nova Cultural, 2003.

ENTRE MENTE E MUNDO

BENEDETTI, Gaetano. "Das Symbol in der Psychopathologie und in der Psychotherapie der Schzophrenie", in Benedetti e Rauchfleisch, *Welt der Symbole*, Vanderhoeck: Gottingen, 1988.
BUTTERWORTH, Brian. *The mathematical brain*. Londres: Macmillan, 1999.
DESCARTES, René. *Meditações sobre filosofia primeira*. Tradução, nota prévia e revisão de Fausto Castilho. Campinas: Editora da Unicamp, 2004.
EDELMAN, Gerald. *Second nature: brain science and human knowledge*. New Haven; Londres: Yale University Press, 2006.
GIBSON, James Jerome. *The ecological approach to visual perception*. Boston: Houghton Mifflin, 1979. Ed. bras.: *A mente plural. Biologia, evolução, cultura*. Trad. de Roberta Barni. São Paulo: Unimarco Editora, 2006.
MALDONATO, Mauro; DELL'ORCO, Silvia. *Psicologia della decisione*. Milão: Bruno Mondadori, 2010.
MALDONATO, Mauro. *A mente plural. Biologia, evolução, cultura*. Trad. de Roberta Barni. São Paulo: Unimarco Editora, 2006.
MITHEN, Steven. "Mind, brain and material culture: an archaeological perspective", in P. Carruthers e A. Chamberlain (Orgs.), *Evolution and the human mind. Modularity, language and meta-cognition*. Cambridge: Cambridge University Press, 2000, pp. 207-217.
MORIN, Edgar. *La conoscenza della conoscenza*. Milão: Feltrinelli, 1989. Ed. bras.: *O método 3 – O conhecimento do conhecimento*. Trad. de Juremir Machado da Silva. 2ª ed. Porto Alegre: Sulina, 2002.
OLIVERIO, Alberto. *La vita nascosta del cervello*. Milão: Giunti Editore, 2009.
RAMACHANDRAN, Vilayanur Subramanian. *La donna che morì dal ridere e altre storie incredibili sui misteri della mente umana*. Milão: Oscar Mondadori, 2003. Ed. bras.: *Fantasmas no cérebro: uma investigação dos mistérios da mente humana*. Trad. de Antônio Machado. Rio de Janeiro: Record, 2002.
VARELA, Francisco. "Neurophenomenology: a methodological remedy for the hard problem", *Journal of Consciousness Studies* (Exeter, Reino Unido), 3(4), pp. 330--350, 1996.
ZEKI, Semir; BARTELS, Andreas. "Toward a theory of visual consciousness", *Consciousness and cognition* (Amsterdã, Londres e Nova York), 8(2), pp. 225-259, 1999.

A INVENÇÃO DE TEMPO: SIMULTANEIDADE E DURAÇÃO

AMIS, Martin. *A seta do tempo*. Trad. de Roberto Grey. Rio de Janeiro: Rocco, 1996.
BERGSON, Henry. *L'evoluzione creatrice: estratti*. Roma: Signorelli, 1958. Ed. port.: *A evolução criadora*. Trad. de Pedro Elói Duarte. Lisboa: Edições 70, 2001.
_____. *Saggio sui dati immediati della coscienza*. Turim: Boringhieri, 1964. Ed. port.: *Ensaio sobre os dados imediatos da consciência*. Trad. de João da Silva Gama. Lisboa: Edições 70, 1988.
DAMÁSIO, António. *The feeling of what happens: body, emotion and the making of consciousness*. Londres: Vintage, 2000. Ed. bras.: *O mistério da consciência*. Trad. de Laura Teixeira Motta. Revisão técnica de Luiz Henrique Martins Castro. São Paulo: Companhia das Letras, 2000.
GIBSON, James Jerome. *The senses considered as perceptual systems*. Boston: Houghton Mifflin, 1966.
HUSSERL, Edmund. *Idee per una fenomenologia pura e per una filosofia fenomenologica*. Turim: Einaudi, 1965. Ed. bras.: *Ideias para uma fenomenologia pura e para uma filosofia fenomenológica: introdução geral à fenomenologia pura*. Trad. de Márcio Suzuki. Aparecida: Ideias & Letras, 2006.
JAMES, William. *The principles of psychology*. Londres: MacMillan, 1890.
JANKÉLÉVITCH, Vladimir. *La musique et l'ineffable*. Paris: Seuil, 1983.
MERLEAU-PONTY, Maurice. *Il corpo vissuto: l'ambiguità dell'esistenza, la riscoperta della vita percettiva, la "carne del mondo", dalle prime opere a "L'occhio e lo spirito" ["L'œil et l'esprit", 1960]*. Milão: Il Saggiatore, 1979.
PENROSE, Roger. *The emperor's new mind: concerning computers, mind, and the laws in physics*. Londres: Arrow Books: Vintage, 1990. Ed. bras.: *A mente nova do rei: computadores, mentes e as leis da física*. Trad. de Waltensir Dutra. Rio de Janeiro: Campus, 1993.
PRIGOGINE, Ilya; STRENGERS, Isabelle. *Tra il tempo e l'eternità*. Turim: Bollati Boringhieri, 1989. Ed. bras.: *Entre o tempo e a eternidade*. Trad. de Roberto Leal Ferreira. São Paulo: Companhia das Letras, 1992.
PROUST, Marcel. *O tempo redescoberto*. Trad. de Lúcia Miguel Pereira. São Paulo: Globo, 2004.
VON WEIZSÄECKER, Viktor Freiherr. *Der kranke Mensch*. Stuttgart: Koehler, 1951.

CHRONOS, AIÓN, KAIROS. DO TEMPO QUE RESTA

BINSWANGER, Ludwig. *Sogno ed esistenza*. Trad. de Lucia Corradini e Carlotta Giussani. Introd. de Michel Foucault. Milão: SE, 1993. Ed. original: *Traum und Existenz*. Berna; Berlim: Gachnang & Springer, 1992.
_____. *Traum und Existenz*, Berna/Berlim: Gachnang & Springer, 1992.

HEIDEGGER, Martin. *Sein und Zeit*. Tubingen: M. Niemeyer, 2001. Ed. bras.: *Ser e tempo*. Trad. de Márcia Sá Cavalcante Schuback. Petrópolis: Vozes, 2009.

_____. *Ontologie. Hermeneutik der Faktizität*. Frankfurt am Main: V. Klostermann, 1988. Ed. it.: *Ontologia. Ermeneutica dell'effettività*. Trad. de Gennaro Auletta. Nápoles: Guida Editori, 1998.

_____. *Phänomenologische Interpretationen zu Aristoteles*. Frankfurt am Main: Klostermann, 1994.

HUSSERL, Edmund. *On the phenomenology of the consciousness of internal time*. Dordrecht: Kluwer, 1991.

_____. *Per la fenomenologia sulla coscienza interna del tempo*. Trad. it. de A. Marini. Milão: Franco Angeli, 1981.

_____. *Experience and judgment: investigations in a genealogy of logic*. Londres: Routledge & Kegan Paul, 1973.

SARTRE, Jean-Paul. *La nausée*. Paris: Gallimard, 1938. Ed. bras.: *A náusea*. Trad. de Rita Braga. 12ª ed. Rio de Janeiro: Nova Fronteira, 2005.

UM UNIVERSO PLURAL. DA NATUREZA INVISÍVEL DA MENTE

BERGSON, Henri. *L'evoluzione creatrice*. Org. de V. Mathieu. Roma-Bari: Laterza, 1967. Ed. bras.: *A evolução criadora*. Trad. de Bento Prado Neto. São Paulo: Martins Fontes, 2005.

_____. *Saggio sui dati immediati della coscienza*. Org. de V. Mathieu. Turim: Paravia, 1963. Ed. port.: *Ensaio sobre os dados imediatos da consciência*. Trad. de João da Silva Gama. Lisboa: Edições 70, 1988.

MONTICELLI, Rita De. "Linguaggio e memoria", Posfácio a *Osservazioni sulla filosofia della psicologia*, de L. Wittgenstein. Milão: Adelphi, 1990.

ENRIQUES, Federigo. *La théorie de la connaissance scientifique de Kant a nos jours*. Paris: Hermann, 1938.

JAMES, William. *The principles of psychology*. Londres: MacMillan, 1890.

_____. *Essays in radical empiricism and a pluralistic universe*. Nova York: E. P. Dutton, 1971. Ed. bras.: "A 'consciência' existe?", *Ensaios em empirismo radical*. Trad. de Pablo Rubén Mariconda. São Paulo: Abril Cultural, 1979. (Coleção Os Pensadores).

_____. *Pragmatism: a new name for some old ways of thinking*. Cambridge, Mass.; Londres: Harvard U. P., 1978. Ed. bras.: *Pragmatismo*. Trad. de Jorge Caetano da Silva. São Paulo: Abril Cultural, 1979. (Coleção Os Pensadores).

_____. *Un universo pluralistico: conferenze Hibbert al Manchester College sulla situazione filosofica attuale, Oxford, 1909*. Turim: Marietti, 1973.

KOYRE, Alexandre. *Lezioni su Cartesio*. Milão: Tranchida Editori, 1996. Ed. port.: *Considerações sobre Descartes*. 2ª ed. Lisboa: Presença, 1963.

KUHN, T. S. *La struttura delle rivoluzioni scientifiche*. Turim: Einaudi, 1969. Ed. bras.:

A estrutura das revoluções científicas. Trad. de Beatriz Vianna Boeira e Nelson Boeira. São Paulo: Perspectiva, 2011.

Lakatos, I. G. *Dimostrazioni e confutazioni. La logica della scoperta matematica*. Org. de Giorello. Milão: Feltrinelli, 1979.

Locke, John. *An essay concerning human understanding*. Oxford: Clarendon, 1894. Ed. bras.: *Ensaio acerca do entendimento humano*. São Paulo: Nova Cultural, 1997.

Maldonato, M. *Dal Sinai alla rivoluzione cibernetica*. Nápoles: Guida, 2002.

Popper, K. R.*Conoscenza oggettiva*. Roma: Armando, 1983.

_____. *Congetture e confutazioni*. Bolonha: Il Mulino, 1976.

_____. *Logica della scoperta scientifica*. Turim: Einaudi, 1970.

Putnam, Hilary. *Ragione, verità e storia*. Milão: Il Saggiatore, 1985. Ed. port.: *Razão, verdade e história*. Lisboa: Dom Quixote, 1992.

_____. *Il pragmatismo: una questione aperta*. Roma-Bari: Laterza, 1992.

_____. *Mente, linguaggio e realtà*. Milão: Adelphi, 1987.

_____. *Verità e etica*. Milão: Il Saggiatore, 1982.

_____. *Filosofie della logica*. Milão: Isedi, 1975.

Russell, Bertrand. *L'analisi della mente*. Roma: Newton Compton, 1970. Ed. bras.: *A análise da mente*. Trad. de Antonio Cirurgião. Rio de Janeiro: Zahar, 1976.

_____. *Storia della filosofia occidentale*. Milão: Longanesi, 1966. Ed. bras.: *História da filosofia ocidental*. Trad. de Brenno Silveira. 3ª ed. São Paulo: Nacional, 1968.

Whitehead, Alfred North. *La scienza e il mondo moderno*. Org. de A. Banfi e E. Paci. Milão: Bompiani, 1959. Ed. bras.: *A ciência e o mundo moderno*. Trad. de Hermann Herbert Watzlawick. São Paulo: Paulus, 2006.

_____. *Processo e realtà*. Milão: Bompiani, 1965.

Wittgenstein, Ludwig. *Ricerche filosofiche*. Turim: Einaudi, 1999. Ed. bras.: *Investigações filosóficas*. Trad. de Marcos G. Montagnoli. 6ª ed. Petrópolis: Vozes, 2009.

_____. *Pensieri diversi*. Milão: Adelphi, 1998.

_____. *Bemerkungen uber die Philosophie der Psychologie*. Frankfurt am Main: Suhrkamp, 1982.

Intuição e revelação

Arden, Rosalind et al. "Neuroimaging creativity: a psychometric view", *Behavioural Brain Research* (Amsterdã, Londres e Nova York), 214(2), pp. 143-156, 2010.

Bateson, Gregory. *Mente e natura: un'unità necessaria*. Milão: Adelphi, 1986. *Mente e natureza: a unidade necessária*. Trad. de Claudia Gerpe. Rio de Janeiro: Francisco Alves, 1986.

Boncinelli, Edoardo. *Come nascono le idee*. Roma: Laterza, 2008.

Brian, Denis. *Einstein. A Life*. Nova York: Wiley & Sons, 1996. Ed. bras.: *Einstein. A ciência da vida*. Trad. de Vera Caputo. São Paulo: Ática, 1998.

BROCKMAN, John. *The new humanists: science at the edge*. Nova York: Sterling, 2003.
CARNAP, Rudolf. *La costruzione logica del mondo*. Milão: Fabbri, 1966.
CELLUCCI, Carlo. *Le ragioni della logica*. 5ª ed. Roma-Bari: Laterza, 2008.
FISCHER, Ernst Peter. *Aristotele, Einstein e gli altri*. Milão: Raffaello Cortina, 1977.
DI NUOVO, Santo. *Mente e immaginazione. La progettualità creativa in educazione e terapia*. Milão: Franco Angeli, 1999.
ENRIQUES, Federigo. *Le matematiche nella storia e nella cultura*. Bolonha: Zanichelli, 1938.
FOERSTER, Heinz von. *Sistemi che osservano*. Roma: Astrolabio, 1987.
HADAMARD, Jacques. *The mathematicians mind: the psychology of invention in the mathematical field*. Princeton, NJ: Princeton University Press, 1996. Ed. bras.: *Psicologia da invenção da matemática*. Trad. Estela dos Santos Abreu. Rio de Janeiro: Contraponto, 2009.
HAYEK, Friedrich von. *Legge, legislazione e libertà*. Milão: Il Saggiatore, 1986. Ed. bras.: *Direito, legislação e liberdade: uma nova formulação dos princípios liberais de justiça e economia política*. Trad. de Maria Luiza X. de A. Borges. São Paulo: Visão, 1985.
HIPPEL, Eric von. *The sources of innovation*. Nova York, Oxford: Oxford University Press, 1988.
JUNG, REX et al. "Neuroanatomy of creativity", *Human Brain Mapping* (Minneapolis), 31(3), pp. 398-409, 2010.
KANDEL, Eric; SCHWARTZ, Jeffrey. *Principles of neuronal science*. Nova York: Elsevier North Holland, 1981. Ed. bras.: *Princípios da neurociência*. 4ª ed. Trad. de Ana Carolina G. Pereira. São Paulo: Manole, 2003.
NEGRI, Antimo. *Novecento filosofico e scientifico*. Milão: Marzorati, 1991.
OLIVERIO, Alberto. *Come nasce un'idea: intelligenza, creatività, genio nell'era della distrazione*. Milão: Rizzoli, 2006.
POLANYI, Michael. *Conoscere ed essere*. Roma: Armando, 1988.
POPPER, Karl R. *Logica della scoperta scientifica*. Turim: Einaudi, 1995. Ed. bras.: *A lógica da pesquisa científica*. Trad. de Leônidas Hegenberg e Octanny Silveira da Mota. São Paulo: Cultrix, 1974.
REICHENBACH, Hans. *La nascita della filosofia scientifica*. Bolonha: Il Mulino, 2003.
WITTGENSTEIN, Ludwig. *Ricerche filosofiche*. Turim: Einaudi, 1995. Ed. bras.: *Investigações filosóficas*. Trad. de José Carlos Bruni. São Paulo: Nova Cultural, 2001.

EPIFANIAS DA MEMÓRIA

BINSWANGER, L. *Per un'antropologia fenomenologica*. Milão: Feltrinelli, 1970.
GUILLAUMIN, Jean. *La génèse du souvenir*. Paris: Presses Universitaires de France, 1968.

HEBB, Donald. *The organization of behavior: a neuropsychological theory.* Nova York: Wiley, 1949.

KIMURA, B. *Écrits de psychopathologie phénoménologique.* Paris: Presses Universitaires de France, 1992.

LASHLEY, Karl. "In search of the engram", in *Physiological mechanisms in animal behavior*, Symposia of the Society for Experimental Biology (Symposium 4), Cambridge (Reino Unido), pp. 454-482, 1950.

MILNER, Brenda. "Memory and the temporal regions of the brain", in K. H. Pribram & D. E. Broadbent (orgs.), *Biology of Memory.* Nova York: Academic Press, 1970.

MÜLLER, Georg; PILZECKER, Alfons. "Experimentelle Beiträge zur Lehre vom Gedächtnis", *Zeitschrift für Psychologie. Ergänzungsband* (Leipzig), 1(1), pp. 1-300, 1900.

PIERON, Henry. *Les grandes domaines d'application de la psychologie.* Paris: Presses Universitaires de France, 1965.

PLATÃO. *Timeo.* Faenza: Fratelli Lega, 1939. Ed. port.: *Timeu-Crítias.* Tradução, introdução e notas de Rodolfo Lopes. Coimbra: Centro de Estudos Clássicos e Humanísticos, 2011.

SAFFO, ALCEU, ARQUILOCO. *Lirici greci.* Trad. it. de Salvatore Quasimodo. Milão: Mondadori, 1979.

SCHACTER, Daniel. *Searching for memory: the brain, the mind, and the past.* Nova York: Basic Books, 1996.

SQUIRE, Lerry; OLIVERIO, Alberto. "Biological memory", in P. Corsi (editado por), *The enchanted loom. Chapters in the history of neuroscience.* Nova York: Oxford University Press, pp. 338-340, 1991.

STERN, Daniel. *Il mondo interpersonale del bambino.* Turim: Bollati Boringhieri, 1985. Ed. bras.: *O mundo interpessoal do bebê: uma visão a partir da psicanálise e da psicologia do desenvolvimento.* Trad. de Maria Adriana Verissimo Veronese. Porto Alegre: Artes Médicas, 1992.

WULFF, Erich. "Der Hypochonder und sein Leib", *Nervenarzt* (Berlim e Heidelberg), 29, pp. 60-71, 1958.

NOSTALGIA: A ESCRITA DA AUSÊNCIA

JABÈS, Edmond. *Uno straniero con, sotto il braccio, un libro di piccolo formato.* Milão: SE, 2001.

_____. *Il libro della sovversione non sospetta.* Milão: Feltrinelli, 1994.

LÉVINAS, Emmanuel. *Totalità e infinito.* Milão: Jaca Book, 1982. Ed. port.: *Totalidade e infinito.* Trad. de José Pinto Ribeiro. Lisboa: Edições 70, 1980.

PESSOA, Fernando. *Livro do desassossego.* Lisboa: Ática, 1997.

ROSENZWEIG, Franz. *La stella della redenzione.* Gênova: Marietti, 1998.

ROVATTI, Aldo. *Abitare la distanza. Per una pratica della filosofia.* Milão: Raffaello Cortina, 2007.

A CORAGEM DE VIVER

ANTONINUS, Marcus Aurelius. *A se stesso* (pensieri). Milão: Garzanti, 1993.
ARISTÓTELES. *Etica Nicomachea.* Milão: CDE Stampa, 1994. Ed. bras.: *Ética a Nicômaco.* Trad. de António de Castro Caeiro. São Paulo: Atlas, 2009.
BINSWANGER, Ludwig. *Per un'antropologia fenomenologica.* Milão: Feltrinelli, 1970.
HEGEL, Georg Wilhelm Friedrich. *Lineamenti di filosofia del diritto, ossia diritto naturale e scienza dello stato.* Bari: Laterza, 1913. Ed. bras.: *Princípios da filosofia do direito.* Trad. de Norberto de Paula Lima. Adaptação e notas de Márcio Pugliesi. São Paulo: Ícone, 2005.
HOBBES, Thomas. *De homine: sezione seconda degli elementi di filosofia.* Bari: Laterza, 1972. Ed. bras.: *Os elementos da lei natural e política.* Trad. de Bruno Simões. São Paulo: Martins Fontes, 2010.
KANT, Immanuel. *La metafisica dei costumi.* Roma, Bari: Laterza, 1983. Ed. port.: *Fundamentação da metafísica dos costumes.* Trad. de Paulo Quintela. Lisboa: Edições 70, 2009.
KIERKEGAARD, Soren. *Diario.* Milão: Biblioteca Universale Rizzoli, 1992. Ed. bras.: *Diário de um sedutor.* Trad. de Jean Melville. São Paulo: Martin Claret, 2002.
LERSCH, Philipp. *La struttura del carattere.* Pádua: Cedam, 1950.
LÉVINAS, Emmanuel. *Tra noi. Saggi sul pensare-all'altro.* Milão, 1998. Ed. bras.: *Entre nós: ensaios sobre a alteridade.* Trad. de Pergentino Stefano Pivatto. Petrópolis: Vozes, 1997.
_____. *Trascendenza e intelligibilità.* Gênova: Marietti, 1990. Ed. port.: *Transcendência e inteligibilidade.* Trad. de José Freire Colaço. Lisboa: Edições 70, 1991.
NIETZSCHE, Friedrich. *Cosi parlò Zarathustra: un libro per tutti e per nessuno.* Milão: Mursia, 1978. Ed. bras.: *Assim falou Zaratustra.* Trad. de Alex Marins. São Paulo: Martin Claret, 2007.
PLATÃO. *Lachete, Dialoghi filosofici.* Org. de G. Cambiano. Turim: Utet, 1970. Ed. port.: *Laques.* Trad. de Francisco de Oliveira. Lisboa: Edições 70, 2007.
_____. *La repubblica.* Florença: La Nuova Italia, 1963. Ed. bras.: *A república.* Trad. de Piero Nassetti. São Paulo: Martin Claret, 2007.
POHLENZ, Max. *L'uomo greco.* Florença: La Nuova Italia, 1976.
SENECA, Lucius Annaeus. *L. Annaei Senecae ad Lucilium epistulae morales.* Roma: Typis Regiae Officinae Polygraphicae, 1937. Ed. port.: *Cartas a Lucílio*, 4ª ed. Trad. de António Segurado e Campos. Lisboa: Fundação Calouste Gulbenkian, 2009.
SPINOZA, Benedictus de. *Etica.* Pádua: Cedam, 1947. Ed. bras.: *Ética.* Tradução e notas de Tomaz Tadeu. Belo Horizonte: Autêntica Editora, 2008.
WITTGENSTEIN, L. *Ricerche filosofiche.* Org. de M. Trinchero. Turim: Einaudi, 1967.

Ed. bras.: *Investigações filosóficas*. Trad. de José Carlos Bruni. São Paulo: Nova Cultural, 2001.

NÃO MAIS, NÃO AINDA

BECKETT, Samuel. *En attendant Godot*. Paris: Les Éditions de Minuit, 1952. Ed. bras.: *Esperando Godot*. Tradução e prefácio de Fábio de Souza Andrade. São Paulo: Cosac Naify, 2009.

BLOCH, Ernst. *Il principio speranza : scritto negli USA fra il 1938 e il 1947*. Milão: Garzanti, 1994. Ed. bras.: *O princípio esperança*. Trad. de Nelio Schneider. Rio de Janeiro: EDUERJ, Contraponto, 2005.

BUBER, Martin. *Il Principio Dialogico*. Milão: Edizioni di Comunità, 1959. Ed. bras.: *Do diálogo e do dialógico*. São Paulo: Perspectiva, 1982.

BUZZATI, Dino. *Il deserto dei tartari*. Milão: Mondadori, 1972. Ed. bras.: *O deserto dos tártaros*. Trad. de Aurora Fornoni Bernardini e Homero Freitas de Andrade. Rio de Janeiro: Nova Fronteira, 2003.

MERLEAU-PONTY, Maurice. *Phénoménologie de la perception*. Paris: Gallimard, 1945. Ed. bras.: *Fenomenologia da percepção*. Trad. de Carlos Alberto Ribeiro de Moura. São Paulo: Martins Fontes, 2006.

PFÄNDER, Alexander. "Zur Psychologie der Gesinnungen", *Jahrbuch* für *Philosophie*, 1, 1913.

ZUTT, J. "Der ästhetische Erlebnisbereich und seine Krankhaften Abwandlungen", *Nervenarzt* (Berlim e Heidelberg), 23, pp. 163-169, 1952.

À ESPERA DO AMANHECER

BINSWANGER, Ludwig. *Per un'antropologia fenomenologica*. Milão: Feltrinelli, 1970.

BLOCH, Ernst. *O princípio esperança*. Trad. de Nélio Schneider e Werner Fucks. Rio de Janeiro: Contraponto, 2005.

_____. *Ateismo nel cristianesimo: per la religione dell'esodo e del regno*. Milão: Feltrinelli, 1983.

DE ÁVILA, Teresa. *Libro della mia vita*. Milão: Mondadori, 1996. Ed. bras.: *Livro da vida*, 10ª ed. São Paulo: Paulus, 1997.

HAIDER, Ljaz. "Attitudes toward death of psychiatric patients", *International Journal of Neuropsychiatry* (Chicago), 3, pp. 10-14, 1967.

LERSCH, *La struttura del carattere*. Pádua: Cedam, 1950.

MARCEL, GABRIEL. *Dialogo sulla speranza*. Roma: Logos, 1984.

MENNINGER, K. *Man against himself*. Nova York: Harcourt, Brace & World, 1938.

PUINI, Carlo. *Il Budda, Confucio e Lao-Tse: notizie e studii intorno alle religioni dell Asia Orientale*. Florença: Sansoni, 1878.

FONTES: DANTE E UNIVERS | PAPEL: PÓLEN BOLD 90g/m
DATA: 04/2012 | TIRAGEM: 2.000
IMPRESSÃO: LEOGRAF